江戸っ子漱石先生からの手紙

一〇〇年後のきみへ

渡邉文幸

理論社

第3章 新世紀の英国ロンドン

――下宿に籠城《ろうじょう》猛勉強（1900～1902）

第4章 小説家でデビュー

――一高・東大講師（1903～1906）

【附記】

○読みやすさを考えて、原則として、引用は岩波文庫を底本とした。
文庫に未収録のものは、『漱石全集』(一九九六年)、『定本漱石全集』(二〇一六年から刊行中)を用いた。
○表記については、漢字は新字体に、旧仮名づかいは新仮名づかいに改めた。
ルビや句読点を増減したところもある。ただし原文が文語体の場合は旧仮名づかいのままとした。
○手紙については、《 》は原文のままの引用、――は筆者による現代語訳。他の作品は「 」で表した。

はじめに
――百代の後に伝えん

《小生《しょうせい》は人に手紙をかく事と人から手紙をもらふ事が大すきである。そこで又一本進呈《しんてい》します。》（一九〇六年一月七日、森田草平《もりたそうへい》あて）

夏目漱石《なつめそうせき》は手紙のやり取りが好きだ。現在、全集に収録されているだけでも、手紙の数は二五〇〇通を超える。友人・知人《ちじん》や門下生《もんかせい》、それに家族にあてた手紙もある。いずれもユーモアとウイット（機知《きち》）にあふれる手紙からは、漱石の人柄はもとより喜怒哀楽《きどあいらく》さまざまな表情までが、リアルに浮かび上がってくる。小説とは異なり、漱石のいわば本音が聞こえ、素顔がみえるようだ。

学生時代、親友の正岡子規《まさおかしき》にあてた手紙では、剽軽《ひょうきん》な若者が浮かんでくる。有名な歌舞伎《かぶき》役者、九代目市川団十郎《いちかわだんじゅうろう》の口調をまねる声色《こわいろ》を演じるというのだ。自分をレコードプレーヤー（蓄音器《ちくおんき》）になぞらえる。

——来《きた》る二二日午前九時より文科大学の哲学教場において団十郎の仮声《こわいろ》おっと陳腐漢《ちんぷんかん》の囈語《げいご》を吐き出すつもりだ。蓄音器となること、今が始めてではない。またこれが終わりでもなかろうが、五尺（約一・五メートル）にあまる立派な男子が情けなや。

『吾輩《わがはい》は猫である』『坊っちゃん』を発表の直後、門下生への手紙には、すでに文学者の超然《ちょうぜん》とした風格《ふうかく》が感じられる。

——これから文章でも書いてながくいるとますます僕の悪口をいう者が出て来ます。仕舞《しまい》には漱石は昨日死んだそうだ。いや精神病院へ入った。華族《かぞく》の御嬢さんから惚《ほ》れられたなんて妙なのが出て来るでしょう。

夏の避暑《ひしょ》に鎌倉へ出かけた小さな子どもたちへ、花やカエル、鶏《にわとり》などの絵はがきを書き送る。そこにはやさしい父親がいる。

長女の筆子《ふでこ》へ、「大仏の御腹《おなか》のなかへは御父さまもまだはいった事がない、御前方はいい事をした。御父さまも海へはいりたい。東京のうちは静《しず》かだ」と書き送る。

四女の愛子には、「あい子さんおにのえはがきをかって上げようとおもったらあいにくありませんからがまの御夫婦を御目にかけます」と、ガマガエルの夫婦の絵はがきを送った。

作品のなかでも、手紙を巧みに使い、主人公の性格を生き生きと描き出している。四国松山《まつやま》の中学校に赴任《ふにん》した坊っちゃんが、子どものときからかわいがってくれた婆やの清《きよ》に書き送った手紙だ。

「きのう着いた。つまらん所だ。十五畳の座敷《ざしき》に寝ている。宿屋《やどや》へ茶代を五円やった。かみさんが頭を板の間へすりつけた。夕べは寝られなかった。清が笹飴《ささあめ》を笹ごと食う夢を見た。来年の夏は帰る。今日学校へ行ってみんなにあだなをつけてやった。校長は狸《たぬき》、教頭は赤シャツ、英語の教師はうらなり、数学は山嵐《やまあらし》、画学はのだいこ。今に色々な事をかいてやる。さようなら」(『坊っちゃん』)

ずいぶんとぶっきらぼうで、あっさりしている。それを清は、「竹を割ったような気性だが、ただ癇癪《かんしゃく》が強すぎて」と、心配する。

坊っちゃんは、やたらと正義感と鼻っ柱が強く、やることが無鉄砲《むてっぽう》だ。それに単純で正直、曲がったことが大嫌い。この江戸っ子気質《かたぎ》はまさしく漱石自身でもある。

鏡子《きょうこ》夫人によると、漱石の性格は涙もろくて人の気の毒な話などにはすぐに同情してしまう。「頼まれればいやとは言わないで損ばかりしていた」といっている。次男の伸六《しんろく》は、倫理的《りんりてき》な潔癖性《けっぺきせい》が強く、「人一倍個人の自由を尊重した」という。

親友たちも口をそろえて、親切で世話好き、義理堅い、真偽《しんぎ》の区別が厳しいなどと証言している。これら生来の気質と古今東西《ここんとうざい》に通じた高い教養《きょうよう》とがあいまって、ユニークな人格をつくり上げた。

漱石は手紙の達人、大変な筆まめだった。書くのもとても速かったという。どんなに短い手紙や地方の知らない人からの手紙、子どもからの手紙にも、漱石はその一通一通に返事を書いた。とくに若い学生や門下生へは、不条理《ふじょうり》な社会に毅然《きぜん》として立ち向かう勇気とヒントをアドバイスする手紙や楽しい手紙が多い。

手紙のなかで、相手に正面から向き合い、対等平等《たいとうびょうどう》の立場で語りかけている。自身も持病《じびょう》に苦しみながらも、いっしょに悩み、悲しむ。根底には、相手への深い共感と信頼、相手を温かく包容《ほうよう》する人間的な大きな力がある。

手紙を集めた書簡集《しょかんしゅう》には愛読者も少なくなく、ひとつの漱石作品となっている。その珠玉《しゅぎょく》の言葉は、いまも輝きをもって、読む人を魅了する。

一八六七（慶応三《けいおう》）年一月五日（陰暦《いんれき》）生まれの漱石は、翌年に明治へ改元《かいげん》となるため、年齢と明治の年がちょうど同じだ。したがって明治維新一五〇年は、また漱石生誕一五〇年である。明治近代の歩みと漱石の軌跡がぴたりと重なる。だから明治の日本を漱石に読むことができる。

明治維新により、日本は、封建的《ほうけんてき》な古い社会から近代的な新しい社会へと急激に変貌《へんぼう》していった。この過渡期《かとき》に、漱石は近代社会の理念《りねん》「個人の自由」を追求した。そして古い社会と対立、格闘《かくとう》し、その矛盾《むじゅん》に苦悩《くのう》する。それは、人の心の深層《しんそう》にまで掘り下げられ、作品に描かれる。

小説『三四郎《さんしろう》』では、日露《にちろ》戦争の後、大学入学のため九州から上京する汽車で、三四郎はひげの男に出会う。三四郎が「これから日本も発展するでしょう」と言うと、男はすまして「亡《ほろ》びるね」と答えた。それから三七年後、日本はきれいさっぱり滅びた。

短絡的《たんらくてき》な思考傾向が強い日本人のなかでは、漱石は、長期的な視野《しや》と鋭い歴史意識をもつ類《たぐい》まれな文学者である。手紙に、こう述べている。

《功業《こうぎょう》は百歳の後に価値《かち》が定まる。（略）百年の後百の博士は土と化し千の教授も泥《どろ》と変ずべし。余《よ》はわが文を以て百代の後に伝えんと欲するの野心家なり。（略）ただ一年二年もしくは十年二十年の評判や悪評《あくひょう》は毫《ごう》も厭《いと》わざるなり。如何《いかん》となれば余は尤《もっと》も光輝《こうき》ある未来を想像しつつあれ

ばなり。》（一九〇六・一〇・二一、森田草平あて）

功績は、一〇〇年の後に価値が定まる。一〇〇年後、幾多《いくた》の博士や教授も泥土《どろつち》と化すだろう。私は、自分の文学を一〇〇年後に伝えたいと望む野心家である。一年や二年、あるいは一〇年、二〇年の評判や悪評などは少しもいとわない。なぜならば、私はより光輝ある未来を想像しているからである。

漱石の射程は一〇〇年と長い。この言葉は、一〇〇年後を生きるきみたちへ投げかけられている。

第1章

江戸っ子金ちゃん

――誕生から学生時代（1867～1894）

里子《さとご》から養子へ

「私の両親《りょうしん》は私が生まれ落ちると間《ま》もなく、私を里に遣《や》ってしまった。その里というのは、無論《むろん》私の記憶に残っているはずがないけれども、成人の後《のち》聞いて見ると、何でも古道具《ふるどうぐ》の売買《ばいばい》を渡世《とせい》にしていた貧しい夫婦ものであったらしい」（夏目漱石《なつめそうせき》『硝子戸《ガラスど》の中《うち》』）

夏目漱石、本名・夏目金之助《きんのすけ》は、一八六七（慶応《けいおう》三）年一月五日（新暦《しんれき》二月九日）、父・夏目小兵衛直克《こへえなおかつ》と母・千枝《ちえ》の六人兄妹の末子《まっし》として、江戸牛込馬場下横町《うしごめばばしたよこまち》に生まれた。夏目家は先祖代々、馬場下町の名主《なぬし》だった。

現在の東京都新宿区喜久井町《きくいちょう》、早稲田大学《わせだだいがく》から南に四〇〇メートルほど、東京メトロ東西線の早稲田駅を地上に出た辺りである。異母姉《いぼし》も二人いた。

翌年の一月には鳥羽《とば》・伏見《ふしみ》の戦いに始まる戊辰戦争《ぼしんせんそう》が起き、同年九月には慶応から明治《めいじ》へと改元された。

誕生日が干支《えと》の「庚申《かのえさる》の日」にあたった。この日に生まれた者は、出世《しゅっせ》すれば大いに出世するが、ひとつ間違うと大泥棒《おおどろぼう》になる。ただし名前に金の字か金偏《かねへん》の字を入れると難《なん》を免《まぬが》れるという昔の言い伝えから、金之助と名づけられた。幼少のころには「金《きん》ちゃん」と呼ばれていた。

生後間もなく古道具屋へ里子《さとご》に出され、その後いったん生家《せいか》に引き取られた。金之助がなぜ里子に出されたかはよくわからない。

だが夏目家は大家族のうえに両親もいい年齢になっていた。後に漱石は、「俺は六人の末子で、両親から余計者《よけいもの》、要《い》らぬ子として扱《あつか》われたものだ」といっている。

幼い金之助は、古道具屋ではがらくたといっしょに小さいザルに入れられて、毎晩四谷《よつや》の大通りの夜店《よみせ》にさらされていた。それをある晩《ばん》、姉が通りかかって見つけて、かわいそうに思い、懐《ふところ》に入れて、家に連れ帰った。一晩中泣き続け、姉は父親に大いにしかられた。それでまたすぐに四谷の塩原昌之助《しおばらしょうのすけ》のところに養子《ようし》に出される。

「私は何時頃《いつごろ》その里から取り戻されたか知らない。しかしじきにまたある家へ養子に遣《や》られた。それは慥《たしか》私の四つの歳であったように思う。私は物心《ものごころ》のつく八、九歳まで其所《そこ》で成長したが、やがて養家《ようか》に妙なごたごたが起《おこ》ったため、再び実家へ戻るような仕儀《しぎ》となった」(同)

実家にもどったころ、金之助の父は六〇歳、母は五〇歳を過ぎていた。両親をお爺《じい》さんとお婆《ばあ》さんと思い、金之助はそう呼んでいた。実の父母であることを知っても、なかなか親しめなかったという。

金之助は、生まれも育ちも東京、「いわば純粋の江戸《え ど》っ子《こ》」である。江戸っ子気質《かたぎ》は、さっぱりしていて細かい事にはこだわらない。また短気でけんか早く、正義感《せいぎかん》が強いが、人情にもろいといわれる。金之助もその気質《きしつ》を多分にもっていた。これに加えて、はにかみ屋で、自意識《じいしき》が強く、へそ曲がりなところもあった。

父の直克は、金之助が生家にもどっても冷淡《れいたん》だったようだ。後に金之助が文学を専攻《せんこう》すると聞いて、父は「なに？・軍学《ぐんがく》をやる？」と聞き返した。亡くなるまで、父親に好感がもてなかった。「とくに父からはむしろ過酷《かこく》に取扱《とりあつ》かわれたという記憶がまだ私の頭に残っている」

そのうちに母の千枝は亡くなってしまった。金之助一三歳のときだから、母と暮らしたのはわずか五年ほどだ。この母のイメージは、小説『坊《ぼ》っちゃん』の情愛あふれる婆《ばあ》やの清《きよ》に重なる。母は、娘《むすめ》のころには武家奉公《ぶけほうこう》もした、気立ての優しい、教養も品格もある女性だった。

「悪戯《いたずら》で強情《ごうじょう》な私は、決して世間《せけん》の末ッ子のように母から甘《あま》く取扱かわれなかった。それでも宅中《うちじゅう》で一番可愛がってくれたものは母だという強い親しみの心が、母に対する私の記憶の中《うち》には、何時《いっ》でも籠《こも》っている」（同）

後年、漱石が親友《しんゆう》の正岡子規《まさおかしき》に書き送った手紙からも、実家との関係はよくない様子《ようす》がわかる。少し孤独《こどく》で、さみし気だ。

——小生は教育上も性質上からも、昔から家の者とは気風が合わない。子どものころよりドメスチック・ハッピネス（家庭の幸福）などという言葉は考えないことにしていたので、いまさらほしくもない。近ごろは一段と心がうちとけないのも大変残念に思っている。（一八九五・一二・一八）

生まれてすぐに里子にやられ、養子に出され、親の愛情や家庭の幸福も金之助とは縁遠《えんどお》かった。それでも母や長兄の大助《だいすけ》は、温かい愛情をもって接した。塩原家から夏目家に金之助が正式に復籍《ふくせき》するのは、ずっと後の二一歳のときになる。

東大予備門

神田の錦華《きんか》学校（現在の千代田区立お茶の水小学校）を修了し、東京府第一中学校《とうきょうふだいいちちゅうがっこう》（現在の都立日比谷《ひびや》高校）に進学するが二年で中退。その後、二松学舎《にしょうがくしゃ》で漢学《かんがく》を、予備校《よびこう》の成立学舎《せいりつがくしゃ》で英語などを勉強した。一八八四（明治一七）年九月、東京大学予備門《よびもん》に入学する。満一七歳のときである。

この時代の学校制度は、現在のような小中高校という統一的な制度がなく、目的別にいくつも学校が並立する「複線型《ふくせんがた》」といわれる複雑な制度だった。改編《かいへん》もめまぐるしかった。

この時期、都市には、農村から人々が流入して、大きな下層社会をつくり始めた。高等学校以上に進学できた人はごく少数に過ぎず、同世代の一パーセントを超えることはなかった。

東京大学予備門、通称の東大予備門または予備門は、現在の神田神保町《かんだじんぼうちょう》から一ツ橋《ひとつばし》の学士会館のある一帯、当時の東京大学と同じ構内にあった。いまの大学の教養課程に似ている。予備門で四年間を修了《しゅうりょう》すれば、東大の法・理・文学部三つのいずれかに進むことができた。この予備門に入学するには、一四歳から受験できる選抜試験があった。

当時、東京大学は日本で唯一《ゆいいつ》の大学だった。この東大を核として、一八八六（明治一九）年に帝国大学が創設される。帝国大学の創設にともない東大予備門も第一高等中学校（一八九四年に第一高等学校）と名称が改められ、さらに第二（仙台《せんだい》）、第三（大阪《おおさか》から京都《きょうと》に移転）、第四（金沢《かなざわ》）、第五（熊本《くまもと》）、山口（同）、鹿児島（同）の高等中学校ができた。

これまで予備門四年、大学四年の計八年だったのが、高等中学校五年（予科三年・本科《ほんか》二年）、大学三年の計八年に改められた。これらの学校を卒業すれば帝国大学に入学できることになった。名称変更があったのに、愛着《あいちゃく》からか、漱石はずっと予備門の名称を使っている。

ちょうど漱石が予備門に入るころに、東大の本郷《ほんごう》キャンパスが完成し、移転が始まる。現在よりもずっと規模は小さいが、教師は欧米人《おうべいじん》ばかりで、講義や試験もすべて英語で行われた。そのため英語が苦手だと全部の教科が不成績となってしまう。

その後、京都帝国大学が創設されると、これまでの帝国大学は東京帝国大学（一八九七年）と名称が変わる。本書では、便宜上《べんぎじょう》、東京大学（東大）、第一高等中学校も一高の名称を使う。

子規《しき》と出会う

正岡子規との出会いは、漱石の人生において運命的なものとなった。もし漱石が子規と出会わなかったら、漱石はあるいは一文学研究者として一生を終えていたかもしれないといわれる。

子規、本名・正岡常規《つねのり》は、漱石と同年九月に四国《しこく》松山《まつやま》に生まれた。松山中学を中退後の一六歳の夏に上京し、翌年に予備門に入る。幼少のころから、祖父に漢学を学び、才気煥発《さいきかんぱつ》だった。弱虫泣き虫のくせに、向こう意気が強く、気位《きぐらい》が高く、好き嫌いが激しかったという。中学時代には自由民権運動《じゆうみんけんうんどう》の影響を受け、さかんに政談演説《せいだんえんぜつ》をしていた。

金之助と子規は入学当初、互いに顔は見知っていたが、それほど親しい交わりはなかった。親しくなったのは五年ほど後になる。二人の共通の趣味《しゅみ》は落語《らくご》だった。

金之助は、遊び好きな兄と東京中の寄席《よせ》を聞き回ったという落語好きだ。やはり落語好きの子規と意気投合《いきとうごう》し急速に親しくなった。漱石の軽妙《けいみょう》で俗世間《ぞくせけん》離れしたところ、ユーモアはこんなところに根ざしているのかもしれない。

下宿はさながら豪傑《ごうけつ》や山賊《さんぞく》たちの巣窟《そうくつ》のようだった。この当時の学生は「末は博士か大臣か」といわれるエリートたちだ。少し背伸びして、口角泡《こうかくあわ》を飛ばし天下国家を論じ合った。明治の豪《ごう》気《き》な学生気質である。後年、漱石は当時をこう振り返っている。

「その頃は大勢で猿楽町《さるがくちょう》の末富屋《すえとみや》という下宿《げしゅく》に陣取《じんど》っていた。この同勢は前後を通じると約十人近くあったが、みんな揃《そろ》いも揃った馬鹿《ばか》の腕白《わんぱく》で、勉強を軽蔑《けいべつ》するのが自己の天職であるかの如《ごと》くに心得《こころえ》ていた。（略）

こう云《い》う連中だから、大概《たいがい》は級の尻《しり》の方に塊《かた》まって、何時《いつ》でも雑然と陳列《ちんれつ》されていた。余《よ》の如きは、入学の当時こそ芳賀矢一の隣に坐《すわ》っていたが、試験のあるたんびに下落して、仕舞《しまい》には土《ど》俵際《ひょうぎわ》からあまり遠くない所でやっと踏《ふ》み応《こた》えていた。それでも、みんな得意であった。級の上にいるものを見て、なんだ点取がと云って威張《いば》っていた位《くらい》である。そうして、稍《やや》ともすると、我々はポテンシャル、エナジーを養うんだと云って、無暗《むやみ》に牛肉を喰って端艇《ボート》を漕《こ》いだ」（『満韓《まんかん》ところどころ』）

予備門時代の友人たちの証言によると、水泳もやればボートも漕ぐ、乗馬や弓、新来のローンテニスやベースボールもやる。親友の太田達人《おおたたつと》とは大川の水泳場によく通った。鉄棒など器械体操は抜群に上手かったというから、金之助はかなりのスポーツマンだ。

友人の一人は、構内にとても高いブランコがあり、金之助がそれに乗るのが一番上手かったと覚えている。スポーツにまったく関心を示さなかった子規は、日本に入って来たばかりのベースボールに夢中になった。まだ野球という訳語もなかったころだ。

天然居士《てんねんこじ》

金之助らは、一八八八（明治二一）年に一高文科に進む。金之助は初め建築科を志望した。しかし年下の親友に、米山保三郎《よねやまやすさぶろう》という傑物《けつぶつ》がいた。

「僕は其頃《そのころ》ピラミッドでも建てる様な心算《つもり》でいたのであるが、米山は又却々《なかなか》盛んなことを云うので、君は建築をやると云うが、今の日本の有様では君の思っている様な美術的の建築をして後代《こうだい》に遺《のこ》すなどと云うことは、とても不可能な話だ、それよりも文学をやれ、文学ならば勉強次第で幾百年幾千年の後に伝える可《べ》き大作も出来るじゃないか。と、米山はこう云うのである。僕の建築科を択《えら》んだのは自分一身の利害《りがい》から打算《ださん》したのであるが、米山の論は天下を標準としているのだ。こう云われて見ると成程《なるほど》然《そ》うだと思われるので、又決心を為直《しなお》して僕は文学をやることに定めたのであるが、国文や漢文なら別に研究する必要もない様な気がしたから、其処《そこ》で英文学を専攻することにした」（漱石『落第』）

　ピラミッドなんていうのは造れやしない。だが文学ならば幾百年幾千年も後世に残ると米山に言われてなるほどと納得した。だが国文や漢文ならばすでに蓄積《ちくせき》もある。ここから英文学を志したというのだ。

　先に子規が落第して一年下の米山と同級になり、次に金之助が腹膜炎《ふくまくえん》のため試験が受けられずに落ちてきて、三人は同級になる。米山は二歳も年少だが、自分らの想像もしないような俗事《ぞくじ》を超えた高度な話ばかりすると、子規はその天才ぶりに驚嘆《きょうたん》している。哲学科に入った子規が国文科に転科したのは、哲学ではとうてい米山にはかなわないと考えたからだ。

　米山は、一高《いちこう》時代に北鎌倉《きたかまくら》の円覚寺《えんがくじ》で禅《ぜん》の修行をし、管長《かんちょう》から「天然居士《てんねんこじ》」の号をもらっている。小説『吾輩は猫である』には、「曽呂崎《そろざき》」の名前で登場し、「天然居士は空間を研究し、『論語《ろんご》』を読み、焼芋《やきいも》を食い、鼻汁を垂らす人である」と書かれている。試験の際にも、教師や時間などは眼中《がんちゅう》になく、教室で机の上にロウソクを立て、翌朝までひとり平然と試験の答案を書いていたという豪傑《ごうけつ》である。

　この変わり者の米山が金之助をさして、「あの男は普段黙っているが、いざという時相談すれば必ず事を処理する力を持っている」といって感心していたと、親友の狩野亨吉《かのうこうきち》は語っている。

金沢出身の米山は、哲学を専攻し、大学院で空間論を研究する。だが後年に留学直前、二九歳の若さで病死した。子規とともに、漱石を理解するのには欠かせない人物である。米山の病死を熊本で知った漱石は、友人の斎藤阿具《さいとうあぐ》に手紙を書き送り、早世《そうせい》した親友の死を深く悼《いた》んだ。

――米山の死去は返す返す気の毒の極《きわ》みだ。文学部の一英才を失い痛恨《つうこん》の極みだ。米山のようなのは文学部の開校以来閉校まで二度と出ないだろう大怪物《かいぶつ》だった。地に伏《ふ》す龍《りゅう》が雨雲を得て天に昇《のぼ》る機会もなく、英雄がその機会も得ることなく死んでしまった。（一八九七・六・八）

後に漱石は、訪ねて来た米山の兄に写真を渡す際、裏に「空間を研究せる天然居士の肖像《しょうぞう》に題す」とし、「空に消ゆる鐸《たく》の響《ひびき》や春の塔」との追悼《ついとう》の句を記した。孤塔《ことう》の高い上で風鈴《ふうりん》がひとり鳴るのに、その音は仰《あお》ぐ間もなく空に消えて春さみしいと、漱石は説明している。

鮭飯《さけめし》は嫌《いや》だ

分類好きの子規は、「畏友《いゆう》・夏目金氏、高友・米山保氏、剛友《ごうゆう》・秋山真氏」などと記している。秋山は、松山中学からの親友、後に日露戦争の日本海海戦で活躍した連合艦隊参謀《れんごうかんたいさんぼう》の秋山真之《あきやまさねゆき》だ。

漱石は、子規について、「何でも大将にならなけりゃ承知しない男であった。二人で道を歩いていてもきっと自分の思う通りに僕をひっぱり廻《まわ》したものだ。尤《もっと》も僕がぐうたらであってこちらへ行こうと彼がいうとその通りにしておった為《ため》であったろう」（『正岡子規』）と、回想している。

子規は一向に学校に出て来なかったという。ノートを借りて写すようなこともなく、試験前になると漱石が呼び出されて、子規に講義を説明してやる。子規のことだからいい加減に聞いて、ろくにわかりもしないのに、「よしわかった、わかった」などと言う。その当時、子規は常盤会《ときわかい》寄宿舎（旧松山藩関係者の宿舎）にいたので、そこの食堂で鮭飯《さけめし》ばかりを食べていた。

ある時、また子規から来てくれと言ってきた。「行ってもええけれど又鮭で飯を食わせるから厭《い》やだ」と返事をしてやった。そうしたら近所の西洋料理店に連れて行って、ご馳走《ちそう》してくれたという。兄貴風を吹かせる子規に、金之助もようやくうっぷんを晴らす。

一方、子規の方は、知り合って間もない六月ころ、二人で早稲田の田んぼのなかを歩いていたときのことを回想している。

漱石は、われわれがいつも食べている米は、この苗の実だとは知らなかった。およそ都会人は、豆と麦の区別さえつかない、こんな愚かなものだ。もし都会人が一人前の人間になろうというのならば一度は田舎に住んでみなければならない。

これは案外、後年に漱石にとって松山に行くヒントになったのかもしれない。

泣かずに笑え

一高時代の子規は、二一歳の夏を向島《むこうじま》の長命寺《ちょうめいじ》門前《もんぜん》のさくら餅屋《もちや》二階で過ごし、和漢詩文など七つの文体で書いた『七草集《ななくさしゅう》』という文集をつくった。翌年に完成し、五月初め、これを一冊にまとめて友人たちに回覧し、批評を仰いだ。

この直後、突然に吐血《とけつ》し、医師から肺結核《はいけっかく》の診断を受けた。ホトトギスは口の中が赤く、鳴くと血を吐くように見える。このことからホトトギスは当時、結核の代名詞だった。自らを「鳴いて血を吐くホトトギス」になぞらえ、「卯《う》の花の散るまで鳴くか子規《ホトトギス》」など、ホトトギスの俳句を数十句つくった。

それまでは、獺祭魚夫《だっさいぎょふ》、獺祭書屋主人《しょおくしゅじん》などを使っていたが、以降は「子規《しき》」を俳号とする。「獺祭」はカワウソがとった魚を並べることから、詩文をつくるのに多く書物を並べることに見立てている。

この数日後、子規吐血の知らせに驚いた金之助は、米山とともに病室に見舞う。その帰りに担当の山崎医師を訪ねて病状や療養法《りょうようほう》を聞いている。帰宅後、金之助は子規あての最初の手紙を出した。これは現在残っている最も古い手紙といわれる。

二人の手紙のやり取りについて、漱石は、「一体正岡は無暗《むやみ》に手紙をよこした男で、それに対する分量は、こちらからも遣《や》った」といっている。

《ただいまは極めて大事の場合故《ゆえ》出来《でき》るだけの御養生は専一《せんいつ》と存奉候《ぞんじたてまつりそうろう》。小生の考へにては山崎の如《ごと》き不注意不親切なる医師は断然癈《はい》し、幸ひ第一医院も近傍《きんぼう》に有之候《これありそうら》へば一応同院に申込み医師の診断を受け入院の御用意有之《これあり》たく、さすれば看護療養万事行き届き十日にて全快する処は五日にて本復致す道理かと存候。（略）小にしては御母堂《ごぼどう》のため大にしては国家のため自愛せられん事こそ望ましく存候。（略）

to live is the sole end of man!

五月十三日　　　　金之助

帰ろうふと泣かずに笑へ時鳥《ホトトギス》
聞かふとて誰も待たぬに時鳥

正岡大人
梧右《ごゆう》

》（一八八九・五・一三）

江戸っ子の金之助は人情に厚い。不親切な山崎医師などやめて第一医院の診察を受ければ五日で治ってしまう。病気の親友にやさしい言葉をかけて励ます。第一医院は、東大医科大学（医学部）の附属病院で大学構内にあった。

金之助は、やはり長兄と次兄を結核で亡くしている。そして手紙の末尾に、「僕の家兄も今日吐血して病床にあり。斯《か》く時鳥が多くてはさすがに風流の某《それがし》も閉口《へいこう》の外なし。呵々《かか》」と書き添《そ》えた。

英文の“to live……”は、「生きることこそ人間の唯一の目的」との意味だ。「帰ろふと」はほととぎすの異名「不如帰」、帰るに如《し》かずにかけている。梧右《ごゆう》は、手紙で相手の名前への敬意を表す脇付《わきづけ》だ。

すぐ上の三兄直矩《なおただ》も結核を病んでいることから、子規の病気は人ごとではない。風流など気取ってはいられない。手紙からは、病に沈む親友の痛みへの共感と温かい心づかいが伝わってくる。

漱石《そうせき》枕流《ちんりゅう》

子規の『七草集』を見て大いに刺激《しげき》された金之助は、巻末に読後の批評を漢文で書き、七言絶《しちごんぜっ》句《く》の漢詩も九首つけた。そしてこの最後に、「辱知漱石妄批《じょくちそうせきもうひ》」、ご存じ漱石のでたらめ批評と書き添えた。この署名で、初めて漱石という雅号《がごう》を使った。

この批評は子規に届けられたが、また漱石は子規に手紙を送る。『七草集』の批評は「分別もなく無茶苦茶《むちゃくちゃ》に」書いて、「少しく赤面《せきめん》の体《てい》に御座候」、ちょっと恥ずかしいという。そして少しふざけた調子で、病床の子規をなんとか元気づけようと結んでいる。

――『七草集』にはさすがの私も実名をさらすのは恐レビデゲスと少し通《つう》がって、間に合わせに漱石と得意顔で書いてみた。だが後から考えてみれば、漱石とは書かないで漱石と書いてしまったように思う。この点、ご承知おきください。

米山大愚《たいぐ》先生傍《かたわ》らより、自分の名前さえ書けぬに、人の文を批評するとは「テモ恐シイ頓馬《とんま》ダナー」チョン々々々々々。(同・五・二七)

「恐レビデゲス」は、『坊っちゃん』に登場する野だいこを思わせる、お座敷芸人の太鼓持《たいこも》ちのような口調だ。「チョン々々々々」は、歌舞伎の拍子木《ひょうしぎ》の音「柝《き》」だ。後の文豪《ぶんごう》に「さても恐ろしいとんまだなー」とは、これもやはり恐ろしい大怪物だ。米山は自らを大愚と称していた。

ここに金之助と常規《つねのり》という二人の学生から、夏目漱石と正岡子規という二人の文豪が誕生する。一八八九(明治二二)年の初夏五月のことである。

漱石の号は中国の故事《こじ》による。本来、俗世間を離れて自然に親しむという意味の「枕石漱流《ちんせきそうりゅう》」（石に枕《まくら》し、流れに漱ぐ《くちすす》）が正しい。晋《しん》の孫楚《そんそ》が親友の王済《おうさい》に間違って、それを「漱石枕流」（石に漱ぎ、流れに枕す）と逆に言ってしまった。王済にその誤りを指摘されると、すかさず孫楚は、「石に漱ぐのは歯を磨くため、流れに枕するのは耳を洗うためだ」と屁理屈《へりくつ》をつけて反論した。ここからへそ曲がり、負け惜しみが強いことを意味する。

実際、金之助は子どものころから偏屈《へんくつ》で通っていた。また子規も一時、この漱石の号を使ったことがあった。

ひょっとこの金さん

その子規は、学年試験が終わると、七月初めに静養のため郷里松山に帰った。漱石は夏の房総《ぼうそう》旅行などを漢文体の紀行文『木屑録《ぼくせつろく》』として書き上げ、帰京した子規に示した。「木屑」は木くず、無用のものという謙遜《けんそん》の意味だ。表紙には「漱石頑夫《がんぷ》」、漱石頑固者《がんこもの》と記した。

これを読んだ子規は飛び上がって驚いた。その格調は極めて高い。漱石はもともと漢詩を習ってないのに、つくればこの通り優れている。これは恐れ入ったと絶倒《ぜっとう》する。そして「貴兄のような人は千万年に一人のみ」と絶賛した。この「千万年に一人のみ」は「千万人に一人のみ」の誤りだろう。

「余の経験によるに英学に長ずる者は漢学に短なり　和学に長ずる者は数学に短なりといふが如《ごと》く　必ず一短一長あるものなり　独り漱石は長ぜざる所なく達せざる所なし、しかれどもその英学に長ずるは人皆これを知る、而《しか》してその漢文漢詩に巧《たくみ》なるは人恐らくは知らざるべし　故にここに附記するのみ」（子規『筆まかせ』）

漱石が英文に優れていることはみんな知っている。だが漢文漢詩に巧みなことは恐らく知らないだろう。まるで自分のことのように、子規は誇《ほこ》らし気《げ》である。

漱石と子規の親交は、こうしてますます深いものとなっていった。学年試験を終えて郷里松山に帰省したものの、子規は学年試験で合格点が採れたか不安になり、漱石に問い合わせた。頼まれたら面倒見のいい漱石だ。早速、担当教師との交渉《こうしょう》にのぞんだ。その返事はじつにユーモアに富んでいる。

――早速、秘術を使って久米《くめ》の仙人《せんにん》を生け捕り、上々の出来だった。鉄砲づれで手の皮の厚さが一尺《しゃく》（約三〇センチ）もある日焼け臭い兵隊相手に談判《だんぱん》などは、都会人で上品で有名なオレにはできないときっぱりと引き下がるところ。だが、そこがあなたのためだ。その甲斐《かい》あるならば命の二つや三つはくれてやってもいいという親切者だ。少しもひるむことなく、大変な勇気を出

して奮戦して、わが輩《はい》の勝ちとなった。（略）

「あらまあほんとうに頼もしいこと、ひょっとこの金さんは顔に似合ない実《じつ》のある人だよ」ときっと言われるだろう。わが輩の高名と手柄を特筆、大書して吹聴《ふいちょう》しておきますよ。（同・九・二七）

若者らしいおしゃべりと戯《ざ》れ文句だ。「久米の仙人」は、吉野川の岸辺で衣を洗う若い女の脛《すね》を見て、飛行中に神通力《じんずうりき》を失い空から墜落《ついらく》したという伝説上の仙人だ。奈良久米寺の開祖とされる。ここでは国文学の久米幹文《もとぶみ》教授のことをいっている。

「兵隊相手に」とあるのは、この三年前、文相・森有礼《もりありのり》の提唱により学校教育に採用された軍隊式の体操、「兵式体操《へいしきたいそう》」の軍人上がり教師をさすものと思われる。漱石は兵式体操が上手かったが、「虫酸《むしず》が走る」ほど嫌いだった。後に正式の軍事教練《ぐんじきょうれん》となる。

手紙の末尾には、「妾《あたし》へ　郎君《ろうくん》より」とある。以前に子規の手紙で、子規は自分のことをふざけて「妾」といい漱石を「郎君」と呼んだことがあった。それを踏まえてだが、まさに若い学生がじゃれ合っている。「妾」は若い娘の使う「あたし」、「郎君」はその恋人を指す。

このほかにも二人の手紙では、差出人と宛名人に、ユニークな名前が使われている。漱石は「金」「平凸凹《たいらのでこぼこ》」「菊井町のなまけ者」「埋塵道人《まいじんどうじん》」「愚陀仏《ぐだぶつ》」「露地白牛《ろじのびゃくご》」、子規は「丈鬼《じょうき》」「獺祭」「偸花《はなぬす》児《びと》」「もの草次郎」「四国仙人」など愉快な名前が多い。「平凸凹」は漱石の顔のあばたからだ。

文章の妙味《みょうみ》

ときには青年特有の憂《ゆう》うつな雰囲気の手紙を、漱石は子規に送る。

――その後、眼の病がどうもよくない。それで読書も書き物もできずにぼっと夏の日を暮らしかね、やむをえずに昼寝して夢の世界に遊んでいる。

このごろは何となく浮世《うきよ》がいやになり、どう考え直してもいやで断ち切れない。そうかといって自殺するほどの勇気もないのは、やはり人間らしいところがいくらかあるせいなのだろうか。

（一八九〇・八・九）

これに対する子規の返事が奮《ふる》っている。気落ちしている漱石を、逆に江戸っ子風に威勢《いせい》よくどやしつける。辛辣《しんらつ》な口調のなかにも、信頼する親友への気づかいがうかがえる。

――何だと、女のたたりで眼が悪くなったと。笑わしやぁがらあ。この暑さでのぼせ上がって、お気の毒だねというくらいだ。さぞ色男は困っているだろう。（略）

「浮世がいやで立ちきれず」ときたから横になるのかと思えば、棺桶《かんおけ》の中にくたばるとは、なんと恐ろしくも奇妙なことか。もっと大きな考え方をして、「天下は大ならず、瓢《ひさご》は細《さい》ならず」という了見《りょうけん》でなくてはいけない。ケシの種ほどの小さいな世界に邪魔がられて、ウジ虫のようなつまらない人間に追われるとは、なんとも情けないことではないか。(同・八・一五)

病床にあっても子規はいたって元気だ。「天下は大ならず、瓢は細ならず」、天下といえどもさして大きくはなく、瓢簞《ひょうたん》といってもそれほど小さくはないという。これは禅宗《ぜんしゅう》独特の言葉のようだ。瓢簞の中にも、この世界とはまた別の世界がある。二人の間でよく交わされる。

二人はやはり文学者、ときに文章、文学論を激しく闘わせる。漱石は、松山にいる子規に手紙を送る。厳しい苦言を述べている。

――とにかく君の文章は、なよなよして婦人流のようだ。近ごろは篁村流《こうそん》(当時の小説家・饗《あえ》庭《ば》篁村、江戸戯作《げさく》の伝統を引く軽妙洒脱《けいみょうしゃだつ》な作風)に変えたようだが、まだ真の元気がなく、人に机をたたいてうならせるほどのことは少ない。文章の妙味は、考えている思想を飾ることなく率直《そっちょく》に書くことだと思う。

文字の美や章句の書き方などは次の次に考えればいいことだ。それでIdea itself(思想自体)の価値を増減するほどのことはない。君もお気づきとは思うが、君のようにそう朝から晩まで書いてばかりいては、肝心《かんじん》なidea(思想)を養う余地がないではないか。毎日毎晩書き続けても、子どもの手習いと同じことで、original idea(独創的な思想)が現れるわけでもないだろう。

頼むから（冗談《じょうだん》ではない）、少し書くのを止めて、余暇《よか》は読書に力を費やしてほしい。病人に対して好まぬ事をさせるのは過酷のようだが、手習して生きていても、別段いいことはない。knowledge（知）を得て死んだ方がましではないか。（一八八九・一二・三一）

一高時代最後の一八九〇（明治二三）年正月、漱石は、のんびりと楽しそうな新春を迎えている。明治の高校生の正月風景が浮かんでくる。郷里松山にいる四国仙人、子規に手紙を送る。

——今年の正月は、あい変わらず雑煮《ぞうに》を食べて、寝て暮らしている。寄席へは五、六回行き、カルタ取りも二度ほどした。元日には神田の小川亭で鶴蝶《つるちょう》という女義太夫《おんなぎだゆう》を聞いた。女子でも立派なものだと愚兄とともに大いに感心した。そこで愚兄が言うには、「芸がよいと顔までよく見える」と。その当否は君のご批判を願います。

米山は禅にこり、休み中も鎌倉に修行に出かけた。山川信次郎《やまかわしんじろう》は学校には出て来ない。先日朝一〇時ころ訪ねてみたら、まだ布団の中でタバコを吸っていた。それから起きて月琴《げっきん》を一曲弾《ひ》いて聞かせた。いつものんき気だが憂鬱病《ゆううつびょう》にかかろうとするところだ。貴兄の判断を仰《あお》ぎたい。とかくこの頃は学校でもわれらの仲間が少ないからさみしく面白くない。なるべく早くお帰り。もう仙人もあきた時分だろうから止めにして、この夏にまた仙人になったらよかろう。（一八九〇・一月初め）

この手紙には、英文混じり横書きの別紙が添《そ》えられ、先の文章論の続きが書かれている。漱石は、「Idea（思想）こそが文章の本質である。Idea が主で Rhetoric（修辞法《しゅうじほう》）は従」とし、子規の修辞法のみ（Rhetoric only）の文章論を再び批判している。

人間は単純ではない

留年などもあり六年間を予備門と一高で過ごし、漱石が東大の英文学科に入ったのは一八九〇年九月である。当時は九月に新学年が始まった。同じく子規は哲学科に入り、翌年に国文学科に転科する。

子規は、新聞の連載記事を本にした『明治豪傑譚《ごうけつたん》』に気節論《きせつろん》（精神論）や勧善懲悪《かんぜんちょうあく》的な考えを書いて送ってきた。これに対し、人間はそう単純なものではないと、漱石は真っ向から反論する。漱石は、正義感と倫理《りんり》感がひときわ強い。真と偽《ぎ》、正直と不正直などの判断に厳しかった。当然、個人の尊厳や平等についての意識も高い。漱石の家系は旧幕臣につながり、子規の家も士族だ。子規がまだ士農工商の身分制にこだわりをみせるのに対し、強く反論するのが注目される。だが手厳しく批判しながらも、しっかりと親友に敬意を表すことを忘れない。

――もともと貴兄をわが友人の中で見識《けんしき》もあり、人生においても定見《ていけん》あるものと信じていた。

それなのにこんな子どもだましの小冊子で気骨の手本にしろと、わざわざ送ってくるのは少しも意味がわからない。できがよくないとはいえ、小生も人生に定見がないわけではない。

君の議論は、職人や商人の子だから気骨がないと、士農工商の四階級で人間の尊卑《そんぴ》を分けているように聞こえる。君はどうしてそんな貴族的な言語をはくのか。君がもしそういうのならば、自分は反対に彼らの味方をしよう。（略）

人は誰にでもいいところと悪いところがあるものだ。（略）君が少しの善を受け入れることができるのならば、また少しの悪を包容するくらいの度量がなくてはいけない。失礼だが君自身のことを考えても、ちょっとした際に悪い思いが浮かんだこともあるだろう（たとえ実行しなかったにしても）。それは人間というのは、善悪二種類の性質をもってこの世に生まれたものだからだ。

じつはこの手紙は、もらい放しにして置いて、黙っていようかと思った。だがそれでは友人同士の切磋琢磨《せっさたくま》にならない。君が真面目にくれたものを冷たく放置してはすまないと考え直して、あえて嫌な事をいう。（一八九一・一一・七）

鷗外《おうがい》の評価

このころドイツ留学から帰国した森鷗外《もりおうがい》が『舞姫《まいひめ》』（一八九〇年）などのドイツ三部作を発表し、

高雅《こうが》で流麗《りゅうれい》な文章で読者を魅了した。漱石と子規の二人は、さっそうと文壇《ぶんだん》に登場した五歳年上の鷗外をめぐり論争を繰り広げる。

漱石が鷗外の作品を評価したのに対し、「日本好きな」子規の評価はそれほど高くはなかったようだ。鷗外を評価する漱石を子規は非難し、それを受けての漱石からの返書である。

――鷗外の作品をほめて大兄《たいけい》の怒りを買い申し訳ない。これも小生の嗜好《しこう》が下等だからとひたすら恥じ入っている。鷗外作品は短編二作を読んだのみで、全体像はよくわからない。だが現在の作家の中ではひときわ優れた人物と思う。試みに鷗外作品を批評してみれば、全体の構造を欧州に、思想をその学問に、文体は漢文に根ざして、かつ日本の風俗も融合《ゆうごう》したものと思う。それらの要素がうまく集まって、小生の目には、一種の沈《しず》んだ重厚な調子と優れて風雅《ふうが》なところに特色があるように思われる。（一八九一・八・三）

英文学に向かった漱石と国文学を指向する子規では、ドイツ留学の体験を踏まえた鷗外作品の評価は、当然かなり異なるようだ

西欧と中国、日本の過去と現在、それに学問を基礎《きそ》にしているのは漱石も同様だ。その鷗外自身は、東西両洋の文化を踏まえることの重要性を説いている。ドイツ三部作『舞姫』『うたかたの記《き》』『文《ふみ》づかひ』のうち、このときに漱石が読んだのはどの二作品かはわからない。

子規は一八九二年七月、学年試験に落第し、大学退学を決意する。これに対し、漱石はなんとか思いとどまらせて、子規に追試験を受けさせようとする。何かやるならば、まず卒業してからにせよ。子規の将来を心配する手紙だ。

――試験結果は面黒い結果だったようで、鳥になって行方《ゆくえ》をくらますには好都合だが、文学士の称号をもらうには困った事だ。君のことだからもう二年頑張って勉強しろといえば、なに鳥になろうと勝手だろうと言うかもしれない。だが小生の考えでは、つまらなくても何でも卒業するのがよい判断だと思う。できることならば、もう一度考え直してほしい。

鳴くならば満月になけほととぎす（一八九二・七・一九）

結局、国文学科を退学した子規は、陸羯南《くがかつなん》が主宰する国粋《こくすい》主義的な日本新聞社に入社した。病身にありながら子規は、同社の新聞『日本』を舞台に、俳句革新の運動を始める。後には短歌の革新にも乗り出す。

誠実な生き方

漱石は、大学を卒業する直前の一八九三（明治二六）年一月、学内の英文学談話会で、『英国詩人の天地山川に対する観念』という講演をし、雑誌にも掲載《けいさい》された。これは好評を博し、外山《とやま》正一《まさかず》・文科大学長ら多くの人が驚嘆《きょうたん》した。

英国文学史上における自然主義の詩人といわれる人たちの作品から、自然に対する詩人の観念や態度を比較研究したものだ。その最後に、漱石はW・ワーズワースにいき着く。

ワーズワースは、生まれ故郷の湖水地方を愛し自然賛美の詩を書いた、一九世紀前半のロマン派の詩人である。その"Plain living and high thinking"「質素な生活と高遠な思索《しさく》」という生き方に、漱石は深く共感している。

世俗を低く見て、虚栄《きょえい》を争う人々を気にもかけない。それほど裕福《ゆうふく》ではないが、衣食に困るほど貧しくもなく、自由に自然を楽しむくらいの余裕《よゆう》がある。だから春風がそよそよと吹く、のどかな日を暮らすような境地であると、漱石は解説している。

キリスト教思想家の内村鑑三《うちむらかんぞう》は、この"Plain living and high thinking"を「低く生き、高く思う」と訳している。ピューリタン（清教徒）のような、高潔な倫理性が感じられる。

この自然と調和した理想の世界に共感し、漱石は生涯《しょうがい》かけて憧《あこが》れ続ける。物質的な豊かさよりも、精神的な豊かさに、より高い価値を認める。明治の近代化が急激に進める物質文明の拡大よりも、人間の精神性、内面の充実《じゅうじつ》を重視した。

漱石の人生において、この思想は基調となり、様々に変化し発展して、生涯を通じて展開されていく。一時的な富や名声ではなく、人間としての誠実な生き方を追求する。ここから物質的な繁栄《はんえい》を求める時代の潮流との矛盾《むじゅん》や衝突《しょうとつ》も自ずと生じてくる。

漱石は、東京専門学校（後の早稲田大学）の講師をしながら、同年七月には東大大学院に進み、外山大学長の推薦《すいせん》で高等師範《しはん》学校の英語の嘱託《しょくたく》教師もこなした。

この高等師範は、中学や高等女学校、師範学校の男子教員を養成した国立の学校だ。その後、東京高等師範学校、敗戦後の一九四九年に東京教育大学となり、現在の筑波《つくば》大学の前身にあたる。

漱石の精神状態は、翌一八九四（明治二七）年の夏ころから一年間ほど、非常に不安定になった。この年九月に親友の菅虎雄《すがとらお》の家にしばらく下宿したが、突然に飛び出してしまう。その翌月には、小石川の伝通院《でんづういん》隣の尼寺法蔵院《あまでらほうぞういん》に下宿する。神経過敏になり、子規に「尼寺に有髪《うはつ》の僧《そう》を尋《たず》ね来よ」と書き送った。

一二月末から翌年にかけ二週間ほど、精神的に悩んだ漱石は、菅の紹介により、北鎌倉の円覚寺帰源院《きげんいん》で禅の修行をする。

第2章 坊っちゃん熊本へ行く

——松山中から五高（1895～1900）

坊っちゃんの松山

夏目金之助《なつめきんのすけ》は一八九五（明治二八）年四月、愛媛《えひめ》県尋常《じんじょう》中学校（松山中学、現在の県立松山東高校）の嘱託《しょくたく》教員となって、四国の松山に赴任《ふにん》する。

前年から精神的に不安定な状態にあり、横浜にあった英字新聞の記者に応募《おうぼ》するが不採用になっている。直前に決まった松山行きは、親友の菅虎雄《すがとらお》の仲介によるもので、外国人教師並《なみ》の待遇ならばという条件でまとまった。

朝鮮《ちょうせん》の支配権《しはいけん》をめぐる日本と清国《しんこく》との日清《にっしん》戦争（一八九四―九五年）が終わり、ちょうどこの四月に下関《しものせき》で講和条約が調印された。

講和は、台湾《たいわん》・遼東《りょうとう》半島の日本への割譲《かつじょう》や賠償金《ばいしょうきん》の支払いなどを内容とした。だがロシア・ドイツ・フランスの三国干渉《さんごくかんしょう》により日本は遼東半島を手放すことになり、このときの国家的なスローガン「臥薪嘗胆《がしんしょうたん》」が日露戦争（一九〇四―〇五年）につながっていく。

当時、松山中学では、生徒らによる校長排斥《はいせき》運動も起き騒然《そうぜん》としていた。学校の管理が強化される一方、生徒側は授業ボイコットやストライキで抵抗し紛争はもつれていた。打開策《さく》として新たに教師が招集され、やって来たのが夏目先生だった。

校長の月給が六〇円で他の教師は二、三〇円なのに、文学士の夏目先生は校長を上回る八〇円と高給のうえに、宿直免除《しゅくちょくめんじょ》という厚遇で迎えられた。

この中学での教師体験をもとに、後に漱石は小説『坊《ぼ》っちゃん』を書いた。その特徴は、文体のリズム、小気味《こきみ》のよい江戸弁「べらんめえ調」と悠長《ゆうちょう》な伊予《いよ》弁「なもし」との絶妙なコントラストにある。江戸っ子の粋《いき》の世界から、つまり漱石が見た田舎《いなか》の野暮《やぼ》ったさをユーモアと風刺《ふうし》をまじえて描いた。田舎や田舎者は、不正義、非合理の比喩《ひゆ》でもある。

松山中学の教え子の一人、真鍋嘉一郎《まなべかいちろう》は授業風景を回想している。

夏目先生は、机にもたれて両ひじをつき、右手に鉛筆《えんぴつ》をもち細々《こまごま》と講義を進めていった。話上手とかうまいというのではないが、非常に言葉の言い回しに優れていた。明快、熱心で正確、その話しぶりが当時一七、八歳だった自分の脳裏に刻まれ、いまでもはっきりと残っている。

「先生の英語の教授法は、訳《やく》ばかりでは不可《いけ》ない、シンタックスとグラムマーを解剖して、言葉の排列《はいれつ》の末まで精細に検覈《けんかく》しなければならぬと云《い》うので、一時間に僅《わずか》に三四行しか行かぬこともあった。そのため二年間にスケッチブック三章しか読了しなかったのである」(真鍋嘉一郎『夏目先生の追憶』)

その英語教授法は、英文訳ばかりではなく、構文から文法、言葉の配列まで精密に厳しく調べなければならないので、英文テキストの読解は遅々《ちち》として進まなかったといっている。

袋につめられて

漱石は東大で英文学を勉強し、主任のJ・M・ディクソン教授からは中世の随筆『方丈記《ほうじょうき》』の英訳を頼まれるほどに優秀だった。大学卒業後、さらに大学院に学んだ。

その間、一高と高等師範《しはん》学校の間で取り合いとなり、結局は高等師範の教師に出ることとなった。さらに東京専門学校（後の早稲田《わせだ》大学）をかけ持ちで教えていた。

成績優秀で将来を期待されていた漱石。それなのにどうして突然に都落《みやこお》ちして、松山まで行ったのだろうか。漱石自身はこう言っている。

「とにかく三年勉強して、遂《つい》に文学は解《わか》らずじまいだったのです。私の煩悶《はんもん》は第一此所《ここ》に根ざしていたと申し上げても差文《さしつかえ》ないでしょう。

私はそんなあやふやな態度で世の中へ出てとうとう教師になったというより教師にされてしまったのです。（略）あたかも嚢《ふくろ》の中に詰められて出る事の出来ない人のような気持がするのです」（『私の個人主義』）

教師にされて、「袋の中につめられた人間」のようにどうすることもできなかったという。長兄、次兄が相次いで亡くなり、敬愛していた兄嫁とも死別するなど、近親者の喪失もあった。これらの出来事は大きな精神的なストレスとなり、心の深い痛手《いたで》となっていた。

松山行きの事情について、後の門下生の小宮豊隆《こみやとよたか》も、漱石が精神的な煩悶の状態にあったことを指摘している。

それに加えて、「私は漱石自身の口から、自分は何もかも捨てる気で松山に行ったのだと、聞かされている」（小宮豊隆『夏目漱石』）という。さらには、「漱石は高等師範にいて、窮屈《きゅうくつ》で窮屈で堪《たま》らなかった」と動機を語っている。

高等師範の教師に出るようになった経緯について、漱石は、「当時の私は魚屋がお菓子屋へ手伝いに行ったようなもの」、勝手が違って困ったといっている。

「私は高等師範などをそれほど有難《ありがた》く思っていなかったのです。嘉納《かのう》さんに始めて会った時も、そうあなたのように教育者として学生の模範になれというような注文だと、私にはとても勤《つと》まりかねるからと逡巡《しゅんじゅん》した位《くらい》でした。嘉納さんは上手《じょうず》な人ですから、否《いや》そう正直に断られると、私は益《ます》々《ます》貴方に来て頂きたくなったといって、私を離さなかったのです。（略）私はどうも窮屈で恐れ入りました。嘉納さんも貴方はあまり正直過ぎて困るといった位ですから、あるいはもっと横着《おうちゃく》を極《き》めていても宜《よ》かったのかも知れません」（『私の個人主義』）

この嘉納は、講道館柔道の創始者・嘉納治五郎《じごろう》、長く高等師範の校長を務めた。初代校長が現役軍人だったため、高等師範は寄宿舎《きしゅくしゃ》生活から服装まですべて軍隊化されていた。それを緩和《かんわ》したのが嘉納校長の推進したスポーツ活動を通じた人材の育成だった。

『坊っちゃん』では、赴任《ふにん》したばかりの坊っちゃんが校長の狸《たぬき》のところに挨拶《あいさつ》に行くと、教育の精神について長談義《ながだんぎ》を聞かされる。この狸と嘉納校長のイメージはほぼ重なる。松山中学を舞台に高等師範のときのことを書いているようだ。ユーモアの底に悲哀《ひあい》の陰がみえる。

「おれは無論《むろん》いい加減に聞いていたが、途中からこれは飛んだ所へ来たと思った。校長のいうようにはとても出来《でき》ない。おれ見たような無鉄砲《むてっぽう》なものをつらまえて、生徒の模範になれの、一校の師表《しひょう》と仰《あお》がれなくては行かんの、学問以外に個人の徳化を及《およ》ばさなくては教育者になれないの、とむやみに法外《ほうがい》な注文をする。（略）到底あなたの仰《おっし》ゃる通りにゃ、出来ません、この辞令《じれい》は返しますといったら、校長は狸のような眼をぱちつかせておれの顔を見ていた」（『坊っちゃん』）

正直が勝つ

生真面目《きまじめ》で正直、誠実な性格の漱石は、責任感も人並み以上に強い。大きな期待をかけられるが、融通性《ゆうづうせい》がないため、進退きわまってどうすることもできなくなる。精神的なストレスは高まるばかりだ。高等師範は、漱石にとって、窮屈《きゅうくつ》で息がつまった。

坊っちゃんは、団子《だんご》を食うな、蕎麦《そば》を食うなと言われ、窮屈で堪《たま》らない思いをする。そんなことなら初めから団子と蕎麦の嫌いな者と言って教師を探すがいい。黙って雇っておいて何を食うなというほど罪なことはないと批判する。

「さすがに高等師範では現実の団子と蕎麦とを禁じはしなかったとしても、恐らく別の『団子』と『蕎麦』とは、いくらもあったはずである」（前掲書）と、小宮は指摘している。

松山赴任から一月後、漱石は、最も信頼し尊敬する大学からの友人、二歳年上の狩野亨吉《かのうこうきち》に手紙を書き送っている。

——教員生徒間の関係もいいが、ただ雑務が煩《わずら》わしいのにはちょっと閉口《へいこう》している。いまは城山の山腹にある愛松亭《あいしょうてい》に居を移し、一日中愚《おろ》かにも俗人連中と交わっている。東京ではあまり利口ぶっている連中に突かれたため、生来《せいらい》の馬鹿が一層馬鹿になりそうだ。しかし馬鹿は馬鹿でやるしかない。ただ松山でも裏から故意に自分に癇癪《かんしゃく》を起こさせるようなお利口連中がいれば、一丁の拳銃《けんじゅう》を懐《ふところ》に入れて帰京する覚悟だ。お天道《てんとう》さまはすべてお見通しだ。自分が死んで馬鹿なやつと言われようと、それもまた面白《おもしろ》いではないか。（一八九五・五・一〇）

東京での生活に唾棄《だき》し、まさに江戸っ子が啖呵《たんか》を切っている。それにしても拳銃とはなんとも物騒《ぶっそう》だ。

「世の中に正直が勝たないで、外《ほか》に勝つものがあるか、考えて見ろ。今夜中に勝てなければ、あした勝つ。あした勝てなければ、あさって勝つ。あさって勝てなければ、下宿から弁当を取り寄せて勝つまでここにいる」(『坊っちゃん』)

坊っちゃんは、寄宿生《きしゆくせい》の悪童《あくどう》らと夜中に激しくやり合う。この素朴《そぼく》な強い正義感は、まさに漱石自身の台詞《せりふ》でもある。狩野への手紙に通じる。

漱石の病気を研究した精神病理学者《せいしんびょうりがくしゃ》の千谷七郎《ちたにしちろう》によると、漱石本人は「神経衰弱《しんけいすいじゃく》」というが、現代の精神医学からみれば「内因性《ないいんせい》のうつ病」だと診断している。

松山中学への赴任前後の一年間は、生涯に三回起きた、そのうつ状態の第一回目にあたると分析する。たしかに赴任の前年夏ころから、漱石の言動には、周囲から奇異《きい》に感じられるものが目立つようになっていた。

そして千谷は、「内因性うつ病と診断することは、狂気《きょうき》と診断することでもないし、また漱石の人格の価値を少しも傷つけることにはならない」(同『漱石の病跡』)と断言する。うつ状態にあっても、漱石は自己を冷静、客観的にみることができ、優れた作品を次々に書き上げている。

うつ病は、真面目《まじめ》で几帳面《きちょうめん》、倫理《りんり》感や責任感も強く、完璧《かんぺき》主義者に多いという。人望も高く人から期待され、それに応えようとするため、またストレスがたまる。

この病気の特徴は、つらい沈んだ憂《ゆう》うつな気分に落ち込み、身体も不調になる。現在、うつ病は男なら一〇人、女性なら五人に一人が生涯に一度はなる誰にも身近な病気だといわている。

そうした事情を考えると、漱石の松山行きの理由は、精神的な苦悩を逃れるため、東京から飛び出したものといえよう。

山県有朋《やまがたありとも》内閣は一八九〇（明治二三）年一〇月、忠君愛国と儒教道徳《じゅきょうどうとく》による国民教育の基本方針を明らかにする「教育勅語《ちょくご》」を、明治天皇の名のもとに発表した。大日本帝国憲法《だいにほんていこくけんぽう》（一八八九年）が国家の政体《せいたい》を規定したのに対し、教育勅語は、国民（臣民）の内面である道徳や精神を規定するものであった。

これは個人の精神活動の自由の基礎である「内心《ないしん》の自由」にまで、国家が踏み込むものだ。天皇中心の国家主義的な教育理念のもとに中等教育の教員養成を担ったのがまさしく高等師範だった。

翌年一月には、一高の教育勅語の奉読式《ほうどくしき》で、嘱託《しょくたく》教員の内村鑑三《うちむらかんぞう》の不敬《ふけい》事件が起きている。教育勅語に最敬礼しなかったとして、キリスト教徒の内村は教職を追われた。

真偽《しんぎ》や善悪といった倫理的な潔癖性《けっぺきせい》が強く、個人の自由を重んじる漱石は、精神的な苦悩も高じ、息苦しくなるばかり。この忠君愛国の教育理念もニセモノ、偽善的にみえたのだろう。結局、こうして思いつめたあげくの東京脱出だった。

拙《せつ》を守る

そのころ、神戸で入院していた子規《しき》にあてた手紙では、気分は少し好転している様子だ。

――松山着任以来、愚かにも俗物連中とつき合い、ぼんやりと毎日を送っている。身体の状態もよく、教員と生徒間の折り合いもうまくいっている。東京から来たどうでもいいような小生に大先生のように接してくれ大変恐縮《きょうしゅく》する。朝は八時に登校し、午後二時には下校して、事務などは免除《めんじょ》してもらっている。だが少し煩雑《はんざつ》なのには閉口《へいこう》する。（一八九五・五・二六）

この手紙には漢詩数首が添《そ》えられている。その中に、「才子群中只守拙　小人囲裏独持頑」という句がある。「才子の群の中に只《た》だ拙《せつ》を守り、小人《しょうじん》の囲みの裏《うち》に独り頑《がん》を持《じ》す」（吉川幸次郎《よしかわこうじろう》）と読み下す。

小利口な連中の群れの中で自分は世わたり下手をじっと守り、つまらない人物に囲まれてひとり頑固を貫くという。当時の漱石の率直な気持ちだろう。この「守拙持頑」、拙《せつ》を守り頑《がん》を持《じ》すは、漱石の好きな言葉である。

大学予備門以来の友人、斎藤阿具《さいとうあぐ》へあてた手紙では、生徒のいたずらにも温かいまなざしを向けている。

――松山中学には美少年はいないし、美人がいるかといえばやはりいない。学校も生徒も平穏《へいおん》で、おとなしい。悪口や悪ふざけでもかわいいもんだ。小生が松山に来た目的は金をためて洋行《ようこう》の費用をつくるためだ。だがそれどころではなく月給は月半ばでなくなってしまう。近ごろ女房がもらいたくなり、田舎者《いなかもの》を一匹生《い》け捕《ど》るつもりだ。山口高校から呼ばれたが、松山の人にそう不親切なことはでき難《がた》く、ひとまず辞退《じたい》した。（同・七・二五）

松山中学への赴任《ふにん》の目的は留学費用の調達だとはっきり言っている。高等師範《しはん》の給与に比べれば、中学の給与はかなりの高額だ。留学費用の調達というのも、たしかに動機の一つにはなるかもしれない。

漱石には、東大入学時から文部省貸費生《たいひせい》として年額八五円が貸与《たいよ》されていた。その返済金として毎月七円五〇銭、父への送金一〇円や異母姉への送金、そのほか製艦費《せいかんひ》として一割が給与から差し引かれていた。すると実際に手元に残ったのは給与の半額くらいか。

製艦費というのは、日清《にっしん》戦争の前年に、海軍軍拡《ぐんかく》のために官吏《かんり》は六年間にわたり俸給《ほうきゅう》の一割を製艦費として献金することを詔勅《じょうちょく》（天皇の命令）で決めたものだ。

山口高校への誘いは再びあったようだ。同校で教授をしている大学時代の友人、菊池謙二郎《きくちけんじろう》への手紙には、「往先《ゆくさき》の事などは当に致さず風船玉主義に御座《ござ》候《そうろう》呵々《かか》」と述べている。この風船玉主義とは、先のことなどわからない、そのときの風任せだという意味。気楽なことをいっている。

失恋説も

この唐突とも思える松山行きの動機をめぐっては、後年いろいろと取りざたされた。もっともらしい漱石の失恋説もある。漱石の兄直矩《なおただ》の説だが、後に漱石夫人の鏡子《きょうこ》もこれを信じていた。大学時代にトラホームを患った漱石は、毎日のように神田駿河台《かんだするがだい》の井上眼科に通っていた。するとその待合室《まちあいしつ》で、いつも細面《ほそおもて》の美しい若い女性に出会った。お婆さんの手を引いて診察室に連れて行くなど、大変親切な優《やさ》しい人だった。

そんなことから、「あの女ならもらってもいい」と思いつめて、漱石はひとりで決めていたようだという。ところがその女の母というのが性悪《しょうわる》で、漱石も嫌になった。それでひと思いに東京も嫌になり、松山に行く気になったというのだ。

たしかに学生時代に漱石が子規に送った手紙に、それをうかがわせるようなものがある。

《ああそうそう、昨日眼科医者へいったところが、いつか君に話した可愛《かわい》らしい女の子を見たね。――銀杏返《いちょうがえ》しに竹なはをかけて――天気予報なしの突然の邂逅《かいこう》だからひやっと驚いて思はず顔に紅葉《もみじ》を散らしたね。まるで夕日に映ずる嵐山《あらしやま》の大火の如《ごと》し。その代り君が羨《うらや》ましがつた海気屋で買つた蝙蝠傘《こうもりがさ》をとられた。それ故今日は炎天《えんてん》を冒《おか》してこれから行く。

七月十八日　　凸凹

物草次郎殿　》（一八九一・七・一八）

「銀杏返し」は江戸末から明治期によく結《ゆ》われた女性の髪型、「竹なは」は髪飾りだ。漱石の初恋、突然の出会いに顔を赤らめるところなど、純情な学生らしい。

もうひとついわれるのは、三兄直矩の妻、登世《とせ》への親愛の情と死別である。漱石と同い年の兄嫁、登世は一八九一年七月に急逝《きゅうせい》した。その登世の死去を知らせる子規への手紙では、登世を絶賛している。ほのかな慕情《ぼじょう》があったともいわれる。

――わが一族をほめるのは気が引けるが、あれほどすばらしい人物は男でもなかなかいない。まして婦人の中には恐らく見当たらないのではないかと思う。それは妻として夫に対して完全無

欠というのではないが、社会人としてほんとうに敬服《けいふく》すべき婦人だった。（一八九一・八・三）

添えた俳句には、「君逝《ゆ》きて浮世に花はなかりけり（容姿秀麗《ようししゅうれい》）」「今日よりは誰に見立《みたて》ん秋の月（心気清澄《しんきせいちょう》）」などと、深い思いが込められている。

また大学院時代の学友の小屋保治《こややすじ》（美学者）との大塚楠緒子《おおつかくすおこ》（作家・歌人）をめぐる三角関係があったともいわれた。

小屋とは、夏期休暇中、大学寄宿舎で同室だったこともある。後に小屋は、楠緒子と結婚し大塚姓を名乗る。小説『吾輩は猫である』に登場する美学者・迷亭《めいてい》のモデルだ。

二人の結婚披露宴《ひろうえん》は、漱石の松山赴任の直前に開かれ、漱石も出席した。ひそかに楠緒子に恋していたともいわれる。小説にしばしば取り上げられる、男女の三角関係の原型でもある。

だが小宮は、漱石本人が失恋説を否定していたと証言している。だいぶ後年になるが、漱石は親友の狩野亨吉へあてた手紙で、東京を離れた理由についてこう述べている。

――世の中は下等だ。人を馬鹿にしている。汚いやつが他の人を顧慮《こりょ》することなく、多数をいいことに勢いに乗じて失礼な事をしている。こんなところにはいたくない。だから田舎へ行って、もっと美しく生活しよう。これが大きな目的だった。（一九〇六・一〇・二三）

愚陀仏庵《ぐだぶつあん》の五〇日

日清戦争が一八九四（明治二七）年八月に始まると、軍医の森鷗外《もりおうがい》は、第二軍兵站《へいたん》軍医部長として中国に派遣《はけん》された。翌年四月、『日本新聞』の従軍記者となった子規は遼東《りょうとう》半島の金州《きんしゅう》に派遣される。

このとき大本営《だいほんえい》のある広島で中国出発を待っていた子規と松山へ向かう漱石とは広島で時間的に交差する。二人とも宇品《うじな》港から船に乗るので、あるいは出会ったのかもしれない。

鷗外の日記には、「五月四日正岡常規来《きた》り訪《おとな》ふ俳諧《はいかい》の事を談ず」と記されている。子規が鷗外を司令部に訪ね、二人で俳諧のことを話した。

子規は、五月一〇日にも、鷗外を訪ねている。「和親《わしん》成《な》れりと云《い》ふ報に接す子規来り別る几董《きとう》等《ら》の歌仙《かせん》一巻を手写《しゅしゃ》して我に贈《おく》る」とある。

講和条約が調印され、帰国することになった。子規は、几董らの歌仙（三六句から成る俳句）一巻を書き写して鷗外に贈った。几董は江戸中期の俳諧師《はいかいし》・高井《たかい》几董のこと。

子規と鷗外は、俳諧の話で気が合い、親交を結んでいる。鷗外と子規との交際は、この後、子規の亡くなるまで続いた。一方、漱石と鷗外の交流は、生涯に会合などで三、四度ほど、出会っただけに終わる。だが互いに敬意を払い、著書を贈っている。

日清講和により、子規は五月下旬に中国から帰国する。だが途中の船上で喀血《かっけつ》、そのまま神戸県立病院に入院し、須磨《すま》で療養していた。病状も落ち着いたことから、八月末に郷里松山に帰った。そして漱石が下宿していた二番町の上野の離れに転がり込んだ。

「僕が松山にいた時分子規は支那《しな》から帰って来て僕のところへ遣《や》って来た。自分のうちへ行くのかと思ったら自分のうちへも行かず親族のうちへも行かず、此処《ここ》に居るのだという。僕が承知もしないうちに当人一人で極《き》めている。御承知の通り僕は上野の裏座敷を借りていたので二階と下、合せて四間《ま》あった。（略）僕は二階に居る。大将は下に居る。そのうち松山中の俳句を遣る門下生が集まって来る。僕が学校から帰って見ると毎日のように多勢来ている。僕は本を読む事もどうすることも出来ん。尤《もっと》も当時はあまり本を読む方でも無かったが兎《と》に角《かく》自分の時間というものが無いのだから止《や》むを得《え》ず俳句を作った」（漱石『正岡子規』）

この直前の漱石の子規へあてた手紙では、「小子《しょうし》近頃俳門《はいもん》に入らんと存候《ぞんじそうろう》。御閑暇《ごかんか》の節は御高示を仰《あお》ぎたく候《そうろう》」と、俳句をやりたいので教えてほしいと頼んでいる。教えを請《こ》い、療養中の子規を励《はげ》ましているようだ。「止むを得ず俳句を作った」というのは、江戸っ子風の照れ隠《かく》しか。

当時一般的に使われた「支那」は、現在では、中国に対する侮蔑《ぶべつ》的な呼称《こしょう》なので使用されない。

子規が転がり込んできた離れを愚陀仏庵《ぐだぶつあん》と名づけ、漱石は雅号《がごう》に以前も用いた愚陀仏を使った。漱石は二階に、病気の子規は一階に暮らした。

漱石の下宿で開かれた運座《うんざ》（句会）には、松山の子規の俳句仲間が足しげく出入りする。そして毎晩のように句会が開かれる。本を読むこともできず、自分の時間もとれず、漱石もしばしば句会に加わることになる。

学生時代から俳句をつくっていたが、漱石はここで本格的に子規に指導を受けて俳句をつくることになった。熱中して深みにはまったあげく、一か月平均一二〇句あまりをつくった。さらに中学校へも句集を持ち込んで熱心に読む姿が生徒に目撃されている。

「俳句はレトリックの煎《せん》じ詰《つ》めたものである」と、後に漱石は門下生の寺田寅彦《てらだとらひこ》に語っている。文学者、作家となる漱石にとって、俳句創作は大いに修行になった。親友二人の生活は、また学生時代にもどったようで、いかにも楽しそうだ。傍若無人《ぼうじゃくぶじん》の子規と、それを苦笑しながらながめる漱石。この愚陀仏庵での二人の生活は、そのまま格好の舞台劇になりそうだ。

漱石と子規の二人は一〇月初め、道後《どうご》温泉に親しく遊んだ。そして同月一九日に子規は松山を発《た》ち上京する。二人は別れに際し、俳句を詠《よ》み、別れを惜しんだ。

「御立ちやるか御立ちやれ新酒菊の花」（漱石）

「行く我にとゞまる汝《なれ》に秋二ツ」（子規）

滑稽《こっけい》な思想

子規は、漱石の俳句の特徴について、「其意匠《そのいしょう》極めて斬新《ざんしん》なる者、奇想天外《きそうてんがい》より来りし者多し。漱石亦滑稽《またこっけい》思想を有す」と書いている。

その趣向はきわめて斬新で、発想が凡人に及びもつかないほど奇抜《きばつ》なものが多い。また滑稽な思想をもっているという。その例として、漱石の「長けれど何の糸瓜《へちま》とさがりけり」など四句をあげている。

漱石は、子規についてこう言う。

「其れから大将は昼になると蒲焼《かばやき》を取り寄せて御承知の通りぴちゃぴちゃと音をさせて食う。それも相談も無く自分で勝手に命じて勝手に食う。まだ他の御馳走《ごちそう》も取寄せて食ったようであったが僕は蒲焼の事を一番よく覚えている。それから東京へ帰る時分に君払って呉《く》れ玉《たま》えといって澄《すま》して帰って行った。僕もこれには驚いた。その上まだ金を貸せという。何でも十円かそこら持って行ったと覚えている。それから帰りに奈良へ寄って其処《そこ》から手紙をよこして、恩借《おんしゃく》の金子《きんす》は当地に於《お》いて正に遣《つか》い果《はた》し候《そうろう》とか何とか書いていた。恐《おそら》く一晩で遣ってしまったものであろう。併《しか》しその前は始終僕の方が御馳走になったものだ」（『正岡子規』）

うなぎの蒲焼き代を子規に払わされ、東京へ帰る旅費も用立ててやった。途中で奈良に寄って、子規は借りた金を使い果たした。奈良の高級旅館に三日ほど滞在し豪遊《ごうゆう》したらしい。

このとき子規が奈良で詠《よ》んだ一句が有名な「柿くへば鐘が鳴るなり法隆寺《ほうりゅうじ》」である。漱石は、これ以前、「鐘つけば銀杏《いちょう》ちるなり建長寺《けんちょうじ》」という句をつくっている。

これには後日談があって、漱石の孫の半藤末利子《はんどうまりこ》が自著『漱石の長襦袢《ながじゅばん》』に紹介している。

それから一二〇年ほど経ったある日、末利子のもとに、子規の妹・律《りつ》の孫の正岡明《あきら》から、一〇円玉が郵便で送られてきた。これは子規がこのときに漱石から借りた金の返却だ。一二〇年間の利子は、子規が好んで食べた奈良名産の御所柿《ごしょがき》だったという。この友人二人のユーモアである。

漱石と子規、互いに心を許し合った親友、まさに肝胆相照《かんたんあいて》らす仲である。漱石松山時代の最大の収穫は、子規とともに愚陀仏庵で過ごした俳句三昧の五二日間だったかもしれない。

『愚見数則《ぐけんすうそく》』

子規の上京を追いかけるように、漱石は東京の子規のもとに、俳句を次々と熱心に送った。子規あての手紙では、急に不機嫌な様子もみせている。松山での生活に飽きたのか、もう他へ移りたいとこぼす。よほど腹にすえかねることでもあったのだろうか。

――このごろ愛媛県には少し愛想がつきたので、どこかへ移りたいと思う。いままでは義理と思って辛抱《しんぼう》してきたが、いまでは仕事の口さえあればすぐにも行くつもりだ。貴君の生まれ故郷ながらあまり気風《きふう》がいいところではないようだ。(一八九五・一一・六)

結局、松山中学を辞めて、翌年四月に、熊本の第五高等学校に転任することになった。松山を去るにあたり知事らも引き留めたが、辞任の意思は変わらなかった。期待した松山も、そう美しくも楽しくもなかったようだ。夏目先生の送別会の様子は不明だ。

『坊っちゃん』では、英語教師うらなり先生の転任の送別会が開かれる。越中《えっちゅう》ふんどし一つになった画学の野だいこが、シュロぼうきを小脇に抱えて歌い出す。「日清談判破裂して……」と大声をあげながら、酒宴の座敷を裸《はだか》で練り歩く。大狂乱の場面だ。

野だいこが歌ったのは、日清戦争のころに流行した「欣舞節《きんぶぶし》」だ。「品川乗り出す吾妻艦《あづまかん》、西郷死するも彼がため、大久保殺すも彼奴《きゃつ》がため、遺恨《いこん》かさなるチャンチャン坊主」と続く。他に異なる歌詞もあるようだ。

この「チャンチャン坊主」は、中国人に対する蔑称《べっしょう》である。近代日本初の外国との戦争にわく国民の熱狂と偏狭《へんきょう》な排外的《はいがいてき》ナショナリズムの台頭を、漱石は冷ややかに見つめている。

漱石が松山滞在中に書き残したものは、俳句と漢詩を別にすると、松山中学校交友会に頼まれて『保恵会雑誌《ほけいかい》』に寄稿した『愚見数則《ぐけんすうそく》』くらいだ。

愚見とは自分の意見を謙遜したもの、数則はいつくつかの規範、手本といった意味だ。事実上、生徒へのお別れの言葉となった。

「理想を高くもて。あえて野心を大きくしろとはいわない。理想をもたない者の言動を見よ。醜《みにく》く卑《いや》しいこと極まりない」と説く。そして「理想は見識より出て、見識は学問より生じる」と明言する。『愚見数則』には、威勢がよく、どこか『坊っちゃん』を思わせる雰囲気もある。

三人の文豪《ぶんごう》

一八九五（明治二八）年暮れの一二月二八日、上京した漱石は中根鏡子《なかねきょうこ》と見合し婚約した。父の中根重一《しげかず》は貴族院書記官長《きぞくいんしょきかんちょう》（現在の参議院事務総長）、鏡子はその長女だった。

漱石は、鏡子について、「歯並みが悪くてそうしてきたないのに、それをしいて隠そうともせず平気でいるところがたいへん気に入った」という。

兄の直矩は、「金ちゃんも、随分と変な気に入りかたをしたもんさね」と、よく笑いながら話していたという。鏡子の方は、見合い写真にはなかった「夏目の鼻の頭のあばた」が印象に残ったようだ。

上京中の漱石は、翌一八九六年の正月三日午後、子規の住居である根岸《ねぎし》の子規庵で開かれた、年始の初句会に出席する。これには高浜虚子《たかはまきょし》、内藤鳴雪《ないとうめいせつ》、河東碧梧桐《かわひがしへきごとう》らの俳人に混じり、森鷗外が加わった。子規に漱石、それに鷗外と並び、明治を代表する文豪三人が顔を合わせた。なんとも豪華な句会である。

漱石と鷗外の二人が出会ったのはこの時が初めてといわれる。漱石は松山中学の英語教師、鷗外は陸軍軍医学校長にしてすでに高名な文学者だった。あまり二人の間で親しく話をした様子はない。同日夕方、牛込矢来町《うしごめやらいちょう》の中根の私邸に招かれて、漱石は家族らとカルタ会を楽しんでいる。

漱石は、この年四月一四日、五高に嘱託《しょくたく》教授として赴任した。熊本城北東の立田山《たつたやま》の南麓《なんろく》にある五高は、「剛毅木訥《ごうきぼくとつ》」を校風とし、広大なキャンパスをもっていた。

この五高も、同校教授で親友の菅虎雄《すがとらお》が世話をしてくれた。あいにく借家が見つからず、五月初めまで、この菅の家に同居する。熊本では、約四年の間に六回も引っ越しをすることになる。

二年前まで、小泉八雲《こいずみやくも》（ラフカディオ・ハーン）も、五高で教鞭《きょうべん》をとっていた。漱石は、W・シェークスピア（一六、七世紀の英国の劇作家・詩人）の『ハムレット』『オセロ』などを講義した。

このころ招魂社《しょうこんしゃ》（靖国《やすくに》神社の前身）で催《もよお》す春の招魂祭には、五高生は例年、教員の引率により鉄砲を担いで参拝することになっていた。

しかし学生の間で反対意見も出たことから教授会で議論になった。漱石は生徒の自由参拝を主張して、教授会でもそう決まった。赴任間もなかったが、名案の提案者として、一躍学生たちの注目を浴びた。

五高時代の学生の一人は、夏目教授の講義の様子を回想する。

「また英語の Parliament なる字を僕が『パーリアメント』と発音したら、それでは倫敦《ロンドン》っ子には分からないよ、これは『パーリメント』と発音すべきだと云われたから僕がだって『ア』と云う字があるではありませんかと云ったら、先生は造作《ぞうさ》もなく、なに江戸っ子は大根のことを『デイコン』と云うと」（吉田美里『夏目先生を憶う』）

裏長屋式の結婚

漱石と鏡子の結婚式は、この年六月に熊本の自宅離れの六畳間で行われた。漱石二九歳、鏡子一八歳である。鏡子は、「この結婚がまことに裏長屋式の珍な結婚」だったという。並んだのは普段着姿の父、中根重一と使用人ばかり。新郎新婦が交わす三三九度の盃も欠け、総費用は七円五〇銭ですませた。
漱石は翌日、子規に早速結婚したことを、じつにあっさりと知らせている。はにかんでいるのか、話は俳句の話ばかり。しかし最後に新妻の句を詠み、やはりうれしそう。

《中根事去る八日着、昨九日結婚略式執行致候《しっこういたしそうろう》。近頃俳況如何《はいきょういかが》に御座候や。小生は頓《とん》と振はず当夏は東京に行きたけれど未だ判然せず。俳書少々当地にて掘り出すつもりにて参り候処、案外にて何もなく失望致候。右は御披露まで、余は後便に譲る。頓首。

衣更《か》へて京より嫁を貰《もら》ひけり

愚陀仏

子規様

》(一八九六・六・一〇)

中根は八日に熊本に着き、昨九日に略式で結婚式を挙げた。近ごろは俳句の方はいかがでしょう。小生は一向に振るわない。今夏は上京したいけれど、まだはっきりしない。俳句関係の書物を当地で掘り出すつもりで来たが、案外何もなく失望したという。
子規からも、結婚にお祝いの俳句を贈ってきた。秦々《しんしん》は、草木の葉の盛んに茂るさまをいう。

「秦々たる桃の若葉や君娶《めと》る」

鏡子は結婚当時の様子を『漱石の思い出』（述）で回想している。大学以来の親友、狩野亨吉、松本文三郎《まつもとぶんざぶろう》（一高教授）、米山保三郎《よねやまやすさぶろう》、山川信次郎《やまかわしんじろう》（五高教授）の四人からも連名で、結婚祝いの手紙が漱石のもとに届いた。みると大変堂々たる手紙で、祝辞《しゅくじ》をとうとうと述べて、「お祝いの品別紙目録通り」と書いてある。目録は鯛昆布《たいこんぶ》から始まり、めでたい品々が並んでいた。

漱石と鏡子が友達というのはありがたいものだと喜んで手紙を読んでいくと、最後に小さな文字で「お祝いの品々は遠路のところ後より送り申さず候」とあった。鏡子は「新婚早々一本かつがれてしまいました」。

新婚早々、漱石から、鏡子は一つの宣告をもらったという。

「俺は学者で勉強しなければならないのだから、おまえなんかにかまってはいられない。それは承知していてもらいたい」

学者であろうとなんだろうと、現在ならば、たちまち家庭争議が勃発することは必至だろう。

一方、鏡子の方にも困ったことがあった。昔から朝寝坊《あさねぼう》だったことだ。

「夜はいくらおそくてもいいのですが、朝早く起こされると、どうも頭が痛くて一日じゅうぼおっとしているという困った質《たち》でした。新婚早々ではあるし、夫は早く起きてきまった時刻に学校へ行くのですから、(略) 時々朝の御飯もたべさせないで学校へ出したような例も少なくありませんでした」

鏡子は、いわゆる良妻賢母《りょうさいけんぼ》とはおよそ縁の遠い人だった。やることなすことへまが多く、漱石から「おまえはオタンチンノパレオラガスだよ」といつもからかわれた。その「オタンチンノパレオラガス」の意味がわからなくて、鏡子は友人たちに聞いたという。

オタンチンはまぬけの江戸俗語。それをオスマン帝国に滅ぼされた東ローマ帝国最後の皇帝コンスタンチン・パレオロゴスにかけた、漱石一流の洒落《しゃれ》である。

月に行く漱石

新婚の漱石の家に、同僚の長谷川貞一郎《はせがわていいちろう》が、次いで山川信次郎が同居するようになった。やがて五高生も書生で住み込むようになり、なにかと人の出入りもにぎやかになってくる。そうした五高生の中に、試験落第組の救済を求めてやって来た寺田寅彦《てらだとらひこ》(後の東大教授、物理学者・随筆家)がいた。漱石門下生では古参のひとりとなる。

後に寺田は、俳句を教えてもらうため、漱石の紹介状をもって病床の子規を訪ねている。漱石と子規の親密な関係がよくわかる。

「実際子規と先生とは互いに畏敬《いけい》し合った最も親しい交友であったと思われる。併《しか》し、先生に聞くと、時には『一体、子規という男はなんでも自分の方がえらいと思っている、生意気な奴だよ』などと云って笑われることもあった。そう云いながら、互いに許し合いなつかしがり合っている心持がよく分かるように思われるのであった」（寺田寅彦『夏目漱石先生の追憶』）

漱石が熊本でつくった子規に寄せる漢詩に、「憶昔交遊日　共許管鮑貧」というのがある。「憶《おも》う昔交遊の日、共に管鮑《かんぽう》の貧しきを許しき」（吉川幸次郎）と読み下す。

管鮑の交わりとは、やはり中国の故事、春秋《しゅんじゅう》時代の管仲《かんちゅう》と鮑叔牙《ほうしゅくが》の子どものころからの終生変わらない真の友情をいう。漱石と子規との友情もまた生涯変わらない。

その子規に、漱石は手紙を送り、教師をやめて文学をやりたいと胸中を打ち明けている。五高赴任《ふにん》の一年後である。やはりどうも窮屈《きゅうくつ》な教師は肌に合わない。

《教師をやめて単に文学的の生活を送りたきなり。換言《かんげん》すれば文学三昧《ざんまい》にて消光したきなり。（略）衣食だけは少々堪忍辛防《かんにんしんぼう》して何かの種を探し（但《ただ》し教師を除く）その余暇《よか》を以《もっ》て自由な書を読み自由な事を言ひ自由な事を書かん事を希望致候。》（一八九七・四・二三）

自由な本を読んで、自由なことを言い、自由なことを書きたい。何ものにもしばられない、自由な文学の世界に強い憧《あこが》れを抱いている。

結婚の翌年一八九七（明治三〇）年七月、漱石は鏡子を伴い久々に上京する。六月に亡くなった父・夏目直克の墓参りをした。しかし鏡子は、妊娠を知らず、上京で長時間汽車に揺られたために流産してしまう。静養のために妻を東京に残して、漱石はひとり熊本に帰る。

その際に中秋《ちゅうしゅう》の名月を詠んだ一句、「月に行く漱石妻を忘れたり」がある。漱石が月旅行に行くのかと思わず意表をつかれる。子規が指摘する漱石の俳句の特徴、まさしく「斬新なる者、奇想天外より来たりし者多し」だ。

流産以来のノイローゼが高じて、鏡子はその翌年六月末、熊本の自宅近くの白川に投身自殺を図るが、未遂に終わった。安全を図るため、二人は一時、お互いの手首をひもで結んで寝た。漱石は、妻の鏡子をいたわる俳句をつくっている。

「病妻の閨《ねや》に灯《ひ》ともし暮るる秋」

「病むからに行燈《あんどん》の華の夜を長み」

そして結婚から三年目の五月末、夏目家に長女が誕生し、筆子《ふでこ》と名づける。鏡子は字が下手だったので、字が上手になるように願って命名された。漱石は、「安々と海鼠《なまこ》の如き子を生めり」

と詠み、生まれたての赤ん坊を「寒天《かんてん》のようにぷりぷりしていた」と、斬新《ざんしん》な形容をしている。

子規のひな人形

翌年三月、筆子の初びなに、子規からひな人形の三人官女《さんにんかんじょ》が贈られてきた。「熊本のひな祭りは陰暦《いんれき》だろうと家人が言うので、こんなものはありふれていて陳腐《ちんぷ》かと思うけれども……」という添え書きがあった。

後年、妻の筆子とひな人形を毎春飾っていた松岡譲《まつおかゆずる》は、子規の思いをこう書いている。みすぼらしく、映えない小さい三人官女。子規居士《こじ》の清貧な生活がしのばれ、ゆかしく、ありがたいという。

「病床にあって季節の句を案じていた居士は、ふと友の長女の初雛《はつひな》に当る事を思い出して、雛人形を祝う気になったものであろう。（略）いずれかといえばみすぼらしいありふれた三人官女。この雛は小さくはえないのが、かえって居士の生活が偲《しの》ばれて、またなくゆかしくも有難いのである」（『漱石先生』）

この前月二月にも、漱石が金柑《きんかん》を子規に贈ったのに礼状が来ている。これは病床の子規が涙ながらに書いた長文の手紙である。

冒頭、「例の愚痴《ぐち》談だからヒマナ時に読んでくれ玉《たま》え。人に見せては困ル。二度と読マレテハ困ル」で始まる。自分の病床の日々、新聞『日本』や主宰する総合文芸誌『ホトトギス』のことなどに触れた後、述べる。

《……ソレヨリモ今年ノ夏、君ガ上京シテ、僕ノ内へ来テ顔ヲ合セタラ、ナドト考へタトキニ泪《なみだ》ガ出ル。ケレド僕ガ最早再ビ君ニ逢《あ》ハレヌナドト思フテ居ルノデハナイ。シカシナガラ君心配ナドスルニハ及バンヨ。君ト実際顔ヲ合セタカラトテ僕ハ無論泣ク気遣《きづか》ヒハナイ。空想デ考へタ時ニナカ〱泣クノダ。（略）僕ノ愚痴ヲ聞クダケマジメニ聞《きい》テ後デ善《い》イ加減ニ笑ツテクレルノハ君デアラウト思ツテ君ニ向ツテイフノダカラ貧乏鬮《びんぼうくじ》引イタト思ツテ笑ツテクレ玉へ。僕ダツテ泪ガナクナツテ考ヘルト実ニヲカシイヨ。（略）明治三十三年二月十二日　夜半過ぎ書す》

あの生意気な子規がすっかり気弱になっているのがじつに痛々しい。間もなくやって来る二人の別れを暗示するかのようである。

「あづま菊」

同年の六月中旬、子規から漱石にあて、自筆の「あづま菊《ぎく》」の画に歌を添えて送ってきた。

《寄漱石　コレハ萎《しぼ》ミカケタ処ト思ヒタマヘ　画ガマヅイノハ病人ダカラト思ヒタマヘ　嘘ダト思ハバ肱《ひじ》ツイテカイテ見玉へ　規

あづま菊いけて置きけり
　火の国に住みける
　　君の帰りくるかね
》

末尾の「かね」は、『万葉集《まんようしゅう》』にも使われている上代語《じょうだいご》の終助詞「がね」だ。「……だろうから」「……ために」「……ように」などを意味する。この歌では、「東菊を生けて置いた。火の国熊本に住む君が帰って来るように」という意味になる。東菊にたとえて、今夏、漱石の帰りを待ちわびる子規の切なる願いを表している。この花の別名はミヤコワスレ、意味深長だ。

漱石は後年、子規の画について、こう書いている。

「子規はこの簡単な草花を描くために、非常な努力を惜《お》しまなかったように見える。僅《わず》か三茎《みくき》の花に、少くとも五、六時間の手間を掛けて、何処《どこ》から何処まで丹念《たんねん》に塗り上げている。(略)
子規は人間として、また文学者として、最も『拙《せつ》』の欠乏《けつぼう》した男であった。永年《えいねん》彼と交際をしたどの月にも、どの日にも、余はいまだかつて彼の拙を笑い得るの機会を捉《とら》え得た試《ため》しがない。また彼の拙に惚《ほ》れ込んだ瞬間の場合さえ有《も》たなかった。彼の歿後《ぼつご》殆《ほとん》ど十年になろうとする今日《こんにち》、彼のわざわざ余のために描《えが》いた一輪の東菊の中《うち》に、確《たし》かにこの一拙字を認める事の出来たのは、その結果が余をして失笑《しっしょう》せしむると、感服《かんぷく》せしむるとに論なく、余に取っては多大の興味がある。ただ画が如何《いか》にも淋しい。出来得るならば、子規にこの拙な所をもう少し雄大に発揮させて、淋《さび》しさの償《つぐない》としたかった」(『子規の画』)

子規は、人間として文学者として、まったく拙を欠いた男だった。だが没後一〇年の今日、子規がわざわざ私のために描いた一輪の東菊を見ると、そこに拙を認めることができた。その結果、失笑させるとか感服させるとかに関係なく、私はそこに大きな興味を抱くという。

『老子』に「大巧若拙」(大巧は拙の若《ごと》し)とある。巧みの極致は、最も拙劣なようにみえるというのである。書画でも、見て美しいうちはまだほんものではない。

漢学者は、「一見下手《へた》なようにみえて、じつは古雅《こが》の味わいがあるというようなところに極美がある。人間もまた同様である」（諸橋轍次《もろはしてつじ》）と解説する。古雅とは、古風で優雅という意味だ。漱石に、「木瓜《ぼけ》咲くや漱石拙を守るべく」という俳句がある。「拙を守る」とは、漱石が最も好んだ言葉で、作品中にもしばしば使われている。世渡り下手なのをじっと守りぬく、他に動じない実直《じっちょく》、愚直《ぐちょく》な生き方である。生涯自分の生き方の理念とした。

子規への手紙の中にも、「只守拙持頑で通すのみに御座《ござ》候《そうろう》」という文句がある。ひたすら拙を守り、かたくなに通すのみというのである。

「守拙」は、中国の四、五世紀の詩人・陶淵明《とうえんめい》の詩『帰園田居』（園田《えんでん》の居《きょ》に帰る）にある「守拙帰園田」（拙を守り園田に帰る）からだ。

世間や時流におもねり、小賢《こざか》しく立ち回り、自分の利益ばかりを追い求める生き方を漱石はきっぱりと拒否《きょひ》した。後年、慕ってやって来る門下生にも、守拙の大切さを説いた。

この明治期には、漱石自身はもとより門下生たちも、大きな富や名声を得られる高学歴のエリート、知識人だ。しかしあえてそれを求めず、人間として誠実に生きることに重要な価値を見いだした。

小説『草枕《くさまくら》』には、「評して見ると木瓜は花のうちで、愚かにして悟《さと》ったものであろう。世間には拙《せつ》を守るという人がある。この人が来世に生れ変わるときっと木瓜になる。余も木瓜になりたい」とある。

漱石は、木瓜やすみれ、水仙《すいせん》、福寿草《ふくじゅそう》など、慎ましい花が好きだ。

第3章
新世紀の英国ロンドン

——下宿に籠城《ろうじょう》猛勉強（1900〜1902）

ひとり海の上

漱石は一九〇〇（明治三三）年五月、文部省から、英語研究のため二年間の英国留学を命じられる。給費《きゅうひ》留学生に高校教授が選ばれるようになった第一回目となる。

英国留学が決まった漱石は、同年七月中旬、四年余住み慣れた熊本を離れ、鏡子《きょうこ》と筆子《ふでこ》を連れて上京した。留守中、妻子は中根の実家に預けられることになった。

漱石は翌月二六日、大学生の寺田寅彦《てらだとらひこ》をともない、根岸の子規庵《しきあん》を訪ねた。俳句の話をし、英国留学の挨拶《あいさつ》をし、病床の子規と別れを惜《お》しんだ。そして漱石と子規が生きて会うのはこれが最後となった。

漱石の生涯に詠《よ》んだ俳句は約二六〇〇句にのぼる。松山と熊本の約五年間でつくった俳句が半数以上、うち熊本が一〇〇〇句近い。

九月八日朝、漱石は、芳賀矢一《はがやいち》、藤代禎輔《ふじしろていすけ》（一高教授）らとともに、ドイツ汽船プロイセン号に乗り込み、横浜港を出発した。漱石以外の四人はドイツ留学組である。

寺田寅彦にあて、漱石は、「秋風の一人をふくや海の上」という一句を書いて送った。また子規からは、「萩芒《はぎすすき》来年逢《あわ》んさりながら」という句が送られてきた。

船に乗り込んでも、実家に預けた妻鏡子と長女の筆子のことがしきりと心配になる。何かと気をもみ、船上からも、漱石は次々と手紙を書き送る。

――みんなお変りないことと思う。そなたも筆も達者と思う。月々の俸給《ほうきゅう》はもとより少しだけれど、もし余りがあれば、いくらかでも家賃として納めて下さい。（略）そなたは歯を抜いて入歯をしなさい。今のままでは余りにも見苦しい。頭のはげるのも一種の病気に違いないので、必ず医者に診《み》てもらいなさい。人の言うことをいい加減に聞いてはいけません。

（一九〇〇・九・二七）

鏡子の髪の結い方や洗髪、朝寝坊のこと、筆子やお腹の赤ん坊のことなど、じつにこと細かく注意をしている。

漱石らが乗ったプロイセン号は、神戸、長崎に寄った後、中国の呉淞《ウースン》、上海《シャンハイ》、香港《ホンコン》、シンガポールを経て、インド洋に出る。セイロン島のコロンボに寄り、一か月目にアラビア半島南端のアデンに着いた。そこから紅海《こうかい》に入り、スエズ運河を通り、地中海に出る。イタリアのナポリに寄港し、出発から約四〇日かかってジェノヴァ港に到着した。

船上では、熊本で面識のあった英国夫人にお茶に招かれたり、キリスト教宣教師《せんきょうし》と議論してやり込めたりした。また得意の鉄棒をやって、鏡子の妹がくれた万年筆を壊《こわ》してしまった。

一〇月一九日、ジェノヴァで下船し、そこから汽車でフランスのパリに向かった。一行は、パリに一週間滞在し、折から開かれていた万国博覧会《ばんこくはくらんかい》を見物している。そしてドイツに向かう四人と別れて、漱石はひとり英国へ向かった。

大英帝国

一〇月二八日夜、英国ロンドンのヴィクトリア駅に到着した。ついに漱石は、世紀末の大英帝国に第一歩を踏み出した。

とりあえず友人の紹介してくれた下宿《げしゅく》に入った。早速、名門のケンブリッジ大学を訪ねたが学費などが高いため、結局、ロンドン大学のユニバーシティ・カレッジの聴講生《ちょうこうせい》となる。

またシェークスピア研究者のW・J・クレイグ博士の個人教授を受けることにした。このクレイグ先生には好感をもち、翌年夏まで週に一度通い続ける。大学の聴講の方は数か月で止めてしまう。

このクレイグの家は、名探偵シャーロック・ホームズの下宿があるベーカー街のすぐ西側、ほんの目と鼻の先にあった。最寄《もよ》りの地下鉄のベーカー・ストリート駅は、一八六三年に開業した世界最古の地下鉄駅の一つである。金欠でもっぱら徒歩の漱石も、たまにはこの地下鉄に乗ったことだろう。

間もなく、英国に来て初めてのクリスマス・シーズンを迎えた。やはり日本にいる家族のことが懐《なつ》かしくなり、漱石は鏡子に手紙を送る。金がなくて心細いとこぼしながらも、ロンドンで初めて見たクリスマスの様子を伝えている。

――当地にては金のないのと病気になるのが一番心細い。病気は帰国まで謝絶《しゃぜつ》するつもりだが、金がないのには閉口《へいこう》する。（略）

昨日は当地のクリスマスにて、日本の元日のように非常に大事な日だ。青い柊《ひいらぎ》で室内を装飾し、家族はみんな本家に集まり、晩餐《ばんさん》をするのが習慣だ。昨日は下宿でアヒルをごちそうになった。

筆も丈夫《じょうぶ》になったようで、何より結構のことだ。なるべくわがままにならないよう甘えないように、かわいがってあまり甘い物などをやらないように、むやみに座らして足部の発達を妨《さまた》げぬようにご注意ください。これらは害のないようだが、将来恐るべき弊害《へいがい》が起き、一生の持病になってしまう。小児の教育ほど困難なものはないので、できる限りご心配のほど願いします。

（一九〇〇・一二・二六）

留学生には、年額一八〇〇円の留学費、留守宅に休職給月二五円（年額三〇〇円）が支給される。森鷗外《おうがい》が一八八四年に陸軍省から衛生《えいせい》制度調査研究のためドイツ留学に派遣《はけん》されたときには、留学費は年額一〇〇〇円だった。

西南戦争などに伴《ともな》うインフレもあり円安が進み、日清戦争（一八九四―九五年）のころには、すでに円価格は金に対し半減していた。つまり鷗外のドイツ留学時と漱石の英国留学時とでは、一六年の隔《へだ》たりがあり、この間に円は半分の価値に下がっている。

さらに物価は英国よりもドイツの方が安いし、鷗外はドイツ軍から便宜《べんぎ》を受けていた。そうしてみると単純な比較はできないが、経済的にみる限り、漱石のロンドン暮らしはそう気楽なものではなかったようだ。

新世紀と女王の死

年が明けて一九〇一年正月のロンドン、世界は新しい世紀二〇世紀に入った。だが異国でひとり迎える新春に、漱石はどうも気が滅入《めい》る。なんとも陰鬱《いんうつ》な気分になる。正月の日記にこう記す。

「一月三日（木）倫敦《ロンドン》の町にて霧ある日、太陽を見よ。黒赤くして血の如《ごと》し。鳶色《とびいろ》の地に血を以《もっ》て染め抜きたる太陽はこの地にあらずば見る能《あた》わざらん。

彼らは人に席を譲《ゆず》る。本邦人《ほんぽうじん》の如く我儘《わがまま》ならず。

彼らは己《おのれ》の権利を主張する。本邦人の如く面倒くさがらず」

英国人と日本人の行動様式を比較し、文化の差異、成熟度をみている。

「一月四日（金）倫敦《ロンドン》の町を散歩して試みに痰《たん》を吐《は》きて見よ。真黒なる塊《かたま》りの出るに驚くべし。何百万の市民はこの煤烟《ばいえん》とこの塵埃《じんあい》を吸収して毎日彼らの肺臓を染めつつあるなり。我ながら鼻をかみ痰をするときは気のひけるほど気味悪きなり」

二番目の子どもがそろそろ生まれるころでもあり、妻がまた心配になる。出産のストレスで、鏡子のヒステリーが再発しないかと不安も感じる。手紙は少し神経質になっているようだ。

——日本にいるときにはそれほど気にならなかった自分の肌の色が黄色なのに嫌気《いやけ》がさす。そのうえ背が低くて見られたものではなく、非常に肩身《かたみ》が狭い。向こうから奇妙なやつが来たと思えば自分の影が大きな鏡に映っていたりすることなどがたびたびある。（略）外へ出るとつい金を使う恐れがあるので、下宿に籠城《ろうじょう》して勉強するより仕方ない。筆子はさぞ大きくなったことだろうと思う。時々は知らせてください。（一九〇一・一・二二）

大英帝国を六〇年以上にわたり統治してきたヴィクトリア女王がこの一月二二日に八一歳で死去した。半旗《はんき》が掲げられ、市中はすべて喪《も》に服《ふく》した。弔意《ちょうい》を示すために、漱石は黒ネクタイを着けた。

この朝、黒手袋を買った店の者は、「新しい世紀は、ひどく縁起の悪い始まり方をしたものだ」

と言った。その不吉な言葉の通り、新しい二〇世紀は戦争の世紀となる。

翌月二日に女王の葬儀が行われ、下宿の主人のブレットと地下鉄を乗り継ぎ、ロンドン中心部にある公園ハイド・パークまで見物に出かける。日記には、そのときの様子が書かれている。

「二月二日（土）Queen の葬儀を見んとて朝九時 Mr.Brett と共に出づ。（略）その言の如くして Hyde Park に入る。さすがの大公園も人間にて波を打ちつつあり。園内の樹木皆人の実を結ぶ。漸《ようや》くして通路に至るに到底見るべからず。宿の主人、余を肩車に乗せてくれたり。漸くにして行列の胸以上を見る。柩《ひつぎ》は白に赤を以て掩《おお》われたり。King,German Emperor 等随《したが》う」

ロンドン中心部にあるハイド・パークでは、樹木によじ登る人たちも多い。白と赤色の布で覆《おお》われた女王の柩車《きゅうしゃ》には、新しく国王に就《つ》いたエドワード七世、女王の孫にあたるドイツ皇帝ヴィルヘルム二世らが付き従った。

このヴィルヘルム二世は、第一次世界大戦末期のドイツ革命により、オランダに亡命し、最後のドイツ皇帝となる。

下宿籠城《ろうじょう》主義

少し時間ができて、懐《なつ》かしい友人たちに手紙を出す。狩野《かのう》、大塚、菅《すが》、山川の四人連名にあて、長文の手紙を書いた。めずらしく候文《そうろうぶん》ではなく、気のおけない親友たちに「少し気取って言文一致《げんぶんいっち》の会話体」を使う。

ロンドン到着からユニバーシティ・カレッジに行き、クレイグ教授に師事した経緯《けいい》を細かく述べ、ロンドン訛《なまり》（cockney）などを例に語学習得の難しさについて触れた後、自分の研究について語っている。

――こういう訳《わけ》で語学は到底僕には卒業ができないから、書物を読むのに時間を使うことにした。したがって交際などは、時間を損するからなるべくやらない。それに西洋人との交際となると金がいるよ。（略）

僕は下宿籠城主義とした。下宿といえば僕の下宿は随分《ずいぶん》まずい。三階でね、窓に隙間《すきま》があって戸から風が入って、顔を洗う台がペンキ塗《ぬり》のいかがわしいもので、それにおもちゃ箱のような本箱と中途はんぱな机がある。夜などは君、ストーブを燃やすと、隙間風《すきまかぜ》が起きて、戸や障子《しょうじ》のスキからピューピュー風が入ってくる。室を暖めているのか冷やしているのかわからないね。それから風の吹く日には、煙突からストーブの煙を逆に吹き下して、室内は窓なしの台所みたいだ。なあに昔の書生時代を考えれば何のことはないとヤセ我慢《がまん》はしているが、いろいろなお役人や会社の役員や金持が来てね、くだらない金を使うのを見ると嫌《いや》になるよ。（略）

それからもう一つ狩野君と山川君と菅君にお願いする。僕はもう熊本へ帰るのはごめんだ。帰国したら第一高等学校で使ってくれないかね。未来のことはわからないが物が順に運ぶとみて、僕も死なず狩野君も校長をしているとして、いかがですかな。給与の方は、お安くまけておきますよ。(一九〇一・二・九)

狩野らに東京の一高教師への就職を依頼《いらい》する。狩野は漱石の招きで五高教授になり、その後に一高校長に転任していた。名校長の誉《ほま》れが高かった。

おまえが恋しい

望郷の念が高まり孤独《こどく》を感じたのか、愛情を込めた手紙を妻の鏡子に書き送った。これには筆無精《ふでぶしょう》を自認する鏡子も手紙を返し、二人は熱いラブレターを交わす。

漱石は、おれのような不人情な者でも、しきりとお前が恋しい。これだけは感心だと褒《ほ》めてもらわなければならないという。

《御前《おまえ》は子供を産んだらう子供も御前も丈夫《じょうぶ》かな少々そこが心配だから手紙のくるのを待つて居るが何とも云つてこない中根の御父つさんも御母さんも忙しいんだらう(略)

段々日が立つと国の事を色々思ふおれの様な不人情なものでも頻《しき》りに御前が恋しい是丈《これだけ》は奇特《きとく》と云つて褒めて貰《もら》はなければならぬ。》（一九〇一・二・二〇）

同じころ高浜虚子《たかはまきょし》に送った手紙にも、「もう英国も厭《いや》になり候」と前置きし、「吾妹子《わぎもこ》を夢みる春の夜となりぬ」と、妻を恋しく思う一句を添《そ》えている。

次女・恒子《つねこ》は一九〇一年一月二六日に生まれている。この手紙への鏡子からの返事である。とても愛情あふれる、美しい恋文だ。原文には句読点《くとうてん》が一切なく、この時代を思わせる、奥ゆかしい情緒がある。

——あなたが帰りたい、さみしい、女房が恋しいなどということは、いままでにないめずらしいことと驚いていています。私もあなたを恋しいと思い続けていることは、あなたに負けないつもりです。お別れした初めは、夜寝ていて目が覚めると眠られなくなるくらい、あなたのことを考えて困りました。でも日がたてば自然と薄《うす》らぐかと思っていましたが、なかなか忘れるどころかよけいにあなたを思い出します。ひとり思っているだけでつまらないと何も言わずにいましたが、あなたも私のことを思い出してくだされば、こんなにうれしいことはございません。きっと私の心が通じたのですよ。（略）

筆子は相変わらずに暴れています。お送りした写真をご覧になったでしょう。この手紙はご覧遊ばしたら破いてください。（一九〇一・四・一二、鎌倉文学館「夏目漱石生誕150年特別展図録」）「御覧遊《ごらんあそ》ばしたら破いて下さい」とわざわざ書いているのに、漱石は破かず後生《ごしょう》大事に、日本まで持ち帰った。

鏡子と筆子の写真を受け取ると、下宿のストーブの上に飾った。下宿の人たちからは、かわいらしいと褒められる。だが漱石は、「なに日本には美しい人はもっとたくさんいると言って、つまらないところで愛国的な気焔《きえん》をはいてやった」と、手紙でちょっと照れている。

中国と日本

下宿に籠城して猛勉強をすると同時に、英国をはじめとする西欧社会の動きに、漱石は大いに関心を抱いている。中国の現状についても強い関心を寄せ、日本社会への鋭い批判を日記に記している。

「三月十五日（金）日本人を観て支那人《しなじん》といわれると厭《いや》がるは如何《いかん》。支那人は日本人よりも遥《はる》かに名誉《めいよ》ある国民なり。ただ不幸にして目下不振《ふしん》の有様に沈淪《ちんりん》せるなり。心ある人は日本人と呼ばるるよりも支那人といわるるを名誉とすべきなり。仮令然《たといしか》らざるにもせよ日本は今までどれほど支那の厄介《やっかい》になりしか。少しは考えて見るがよかろう。西洋人はややもすると御世辞《おせじ》に支那人は嫌いだが日本人は好きだという。これを聞き嬉しがるは世話になった隣《となり》の悪口を面白いと思って自分方が景気がよいという御世辞を有難がる軽薄《けいはく》な根性なり」

中国では清朝末期、排外的な民族運動の義和団《ぎわだん》事件（一八九九―一九〇〇年）が起きた。北京《ペキン》は日本を含む八か国連合軍により制圧され、中国の半植民地化が進んだ。「目下不振の有様に沈淪せるなり」、いま不振で落ちぶれているとは、そのことを意味するのだろう。

またノートには、「西洋人の日本を賞賛するは半ば己れに模倣《もほう》し己れに師事するがためなり。その支那人を軽蔑《けいべつ》するは己れを尊敬せざるが為なり」（『断片』）と記している。

西洋の模倣と追随《ついずい》ばかりの日本人には、主体性も自尊心もみられない。中国人が民族的に誇り高いのに比べ、同じアジア人として、日本人はあまりにも卑屈《ひくつ》ではないかとの思いがある。

江戸期以降、武士階級を中心に、幼児のころから『論語《ろんご》』など四書《ししょ》・経書《きょうしょ》の素読《そどく》を始め、その後、藩校《はんこう》に通い中国の古典を学んだ。西欧との交流が本格的に始まる明治の初めまでは、日本の文化芸術や学問教養はほとんどすべてが中国渡来のものだった。

その中国の文物に通じた漱石らしい見識を示す。後年の一高での講演では、「昔は支那の真似ばかりしておったものが、今は西洋の真似ばかりしている有様である」（『模倣と独立』）と憤慨している。

これら漱石の言葉には、その後の日本と中国のたどった歴史を考えるとき、きわめて重い意味がある。

「三月一六日（土）日本は三十年前に目覚《めざ》めたりという。しかれども半鐘《はんしょう》の声で急に飛び起きたるなり。その目覚めたるは本当の目覚めたるにあらず。狼狽《ろうばい》しつつあるなり。ただ西洋から吸収するに急にして消化するに暇《いとま》なきなり。文学も政治も商業も皆然《しか》らん。日本は真に目が醒《さめ》ねばだめだ」

漱石は後に、こう述べている。日本の開化（近代化）は、上滑《うわすべ》りの軽佻浮薄《けいちょうふはく》に流れている。まともな人間ならば、滑らないようにと踏ん張るために神経衰弱《しんけいすいじゃく》になってしまう。こういう開化の影響を受ける国民はどこか空虚《くうきょ》だ。虚偽《きょぎ》でも、軽薄でもある。

西洋の開化は、つぼみがふくらんで花が咲くように、内から自然に発展した。だが日本の開化は黒船来航の外圧によるものだ。西洋が一〇〇年かかって発展した開化を、日本は一〇年でやろうとした。それは必ずしも内実をともなう開化、根本的な変革にはならなかった。

日本の近代一五〇年、この基本図式はあまり変化がない。漱石の開化論は後年、講演『現代日本の開化』として展開される。

理想の美人とは

ドイツ留学を終えた池田菊苗《いけだきくなえ》が五月初め、ロンドンに研究にやって来た。東大助教授の化学者池田は、後に「味《あじ》の素《もと》」を発明する。漱石と六月下旬まで同じ下宿に暮らすことになる。専門が異なる二人だが大変気が合った。いっしょに散歩し、世界観や哲学、宗教、イギリス文学などについても、深夜まで熱心に議論を交わした。

意気投合した二人は、文学や科学の話ばかりではなく、ときに世間話にうち興《きょう》じる。池田と二人で、理想の美人をあれこれと思い描き、たわいない話をした。日記にはこうある。

「五月二十日（月）夜、池田と話す。理想美人の description あり。両人とも頗《すこぶ》る精《くわ》しき説明をなして両人現在の妻とこの理想美人を比較するに殆《ほと》んど比較すべからざるほど遠かれり。大笑いなり」

「倫敦で池田君に逢ったのは自分には大変な利益であった。御蔭《おかげ》で幽霊《ゆうれい》の様な文学をやめて、もっと組織だったどっしりした研究をやろうと思い始めた」（漱石『処女作追懐談』）

俳句をはじめ文学・芸術論を交わした正岡子規、哲学を語り文学の世界を示してくれた米山保《よねやまやす》三郎《さぶろう》、そして新たに学問の方法論を語り合った池田菊苗。この三人と知り合ったことは、漱石の生涯において大変重要な意味をもっている。三人との出会いによって、初めて文豪《ぶんごう》漱石が誕生したといえよう。

漱石の知的な好奇心は旺盛だ。愛弟子《まなでし》の寺田寅彦に手紙を送り、先進的な原子論《げんしろん》に興味を示し、科学をやりたいと述べている。これは池田の影響と思われる。寅彦にその池田を紹介し、訪問するように伝えている。寅彦へのやさしい思いやりは変わらない。

――学問をやるならコスモポリタン（国際的）なものに限る。英文学などは縁の下の力もちで、帰国しても英国にいても自慢できるようなことはない。君などは大いに専門の物理学をしっかりやるのがいい。今日の新聞で、リュッカー教授が英国協会でした Atomic Theory（原子論）に関する演説を読んだ。大変面白い。僕も何か科学がやりたくなった。この手紙が着くころには君もこの演説を読むだろう。

つい先日、池田菊苗氏（化学者）が帰国した。同氏とはしばらくロンドンで同居していた。いろいろと話をしたが、大変立派な学者だ。化学者としての造詣《ぞうけい》のほどはよく知らないが、優《すぐ》れた頭脳の学者だということは確かだ。僕の友人の中でも尊敬すべき人物の一人と思う。君のことをよく話しておいたから、暇《ひま》な折にぜひ訪問して話をしたまえ。君の専門上そのほかにも大変利益があると信じる。（一九〇一・九・一二）

英国協会というのは正式には英国科学振興協会《かがくしんこう》のことだ。この年九月一一日から一週間、スコットランドのグラスゴーで大会が開かれた。漱石は、リアルタイムでニュースを読んでいる。

池田が下宿を出た後、漱石は途端《とたん》にまた気分が滅入っていた。

「七月一日（月）近頃非常に不愉快《ふゆかい》なり。くだらぬ事が気にかかる。神経病かと怪《あやし》まる。しかし一方では非常にズーズーしき処がある。妙だ」

本代はかさみ、ビスケットを生唾《なまつば》で飲み込むだけで過ごすときもあった。本を買い集めるため生活費を極限まで切りつめた。そのうえ下宿籠城《ろうじょう》の猛勉強にホーム・シックなども重なり、次第に精神的なストレスも高じていく。こうした不健康な生活により、持病の胃腸病もさらに悪くなっていった。

砂にまじる金

この年秋ころに始まった第二回目の抑《よく》うつ状態は、帰国後まで三年間ほど続き、漱石を悩ますことになる。そうした精神状態にあって、鏡子からの手紙がなかなか来ないのに、漱石は少しいら立ちをつのらせる。小言《こごと》が多くなっているが、話は論理的である。

――**「それやこれや」で手紙を忘れたというが、何の言いわけやら合点《がてん》がいかない。一体、留**

守中、朝は何時に起きて、夜は何時に寝るのか。二週間に一度くらいはがきで安否を知らせるようにと去年書き送ったはがきを、読んだのか、読まなかったのか。(一九〇二・二・二)
返事に困った鏡子は筆子の日記などを送ってやる。これが少し漱石の気持ちを和《なご》ませた。鏡子の弟、中学生の中根倫《なかねひとし》の勉強の話から、学問についての見識を述べている。
――学問は知識を増やすだけの道具ではない。自己を修養して立派な男子になるのが大きな目的だ。立派な男子というのは、人のため世のために働くという、大きな 志《こころざし》をもつ人だ。しかし志ばかりあっても何が人のためになるのか、現在の日本ではどんなことが急務なのかを、よく考えないと簡単にはわからない。だから知識も必要なのだ。(同・三・一〇)
やはり虫の居所が悪いようだ。「愉快な事は砂にまじる金」とは、だいぶ厭世的《えんせいてき》な気分になっている。
――訳《わけ》もヘチマも何もない。ただ面白くない中に時々面白い事のある世界と思っているのがよいだろう。面白い中に面白くない事のある浮世《うきよ》と思うから苦しいのだ。生涯《しょうがい》に愉快な事は砂の中にまじる金のようにわずかしかないものである。(一九〇二・四・一七)
――手紙を読むと、夜は零《れい》時過ぎ、朝は九時、一〇時頃までも寝ているという。夜はともかく、朝はもう少し早く起きるように注意されたい。日本のことわざにも、早寝夜ふかしは悪《あ》しきもの

とあるくらいだ。そのへんは心得ておかなければいけない。(同・五・一四)

手紙の原文は「早寝宵張《はやねよいっぱり》は悪しきもの」とあるが、これは「宵《よい》っ張《ぱ》りの朝寝坊」の誤りのようだ。それでも鏡子の朝寝坊は一向に直らない。

だがこのころ、鏡子は二人の幼児を抱えて耐乏《たいぼう》生活を強いられ、父の中根重一もにわかに窮状《きゅうじょう》に陥っていた。中根は、第四次伊藤内閣で内務省地方局長に就《つ》いた。だがわずか半年後の内閣総辞職により職を失う。手を出していた相場《そうば》にも失敗し、多額の借金を背負うことになった。実家の経済的な困窮《こんきゅう》は鏡子母子の生活へも影響していた。

文学とは何か

漱石は、幼いころから慣れ親しんできた漢文の文学と英文の文学とがまったく異なることに苦《く》悩《のう》を深める。英国とはまったく異質な歴史と文化のなかに生まれ育った日本人に英文学がほんとうに理解できるのかという深刻な問題にいきつく。

小説『三四郎《さんしろう》』には、“Pity is akin to love”を、「可哀想《かわいそう》だとは惚《ほ》れたという事よ」と訳す場面がある。「憐《あわ》れみは愛情に近い」という直訳をくだいたものだ。だがそれはあくまで日本語の表現に過ぎない。真に理解するには、そのまま英文を、感性で受け取らなければならないのだ。

ちなみに漱石には、こんなエピソードがある。夏目先生が授業で、"I love you"を訳してみろと生徒のひとりにあてた。その生徒は「我、汝《なんじ》を愛す」と訳した。それに対し夏目先生は、「日本人はそんなことは言わない。月がとっても奇麗《きれい》ですねとでも訳しておけ」と教えたという。いかにもありそうな話だが、いわば漱石伝説のようだ。いずれも西欧の文化に根をもたない日本人には、異質で理解困難なことなのだ。

東大で英文学を学んだが、漱石は「何となく英文学に欺《あざむ》かれたるが如《ごと》き不安の念あり」という。その不安を抱いたまま松山、熊本に行き、そのままロンドンに留学した。しかしその不安の念は解けない。

だから文学とはどんなものかを、根本的に自分で作り上げるよりほかないと思いつく。後に、これを人まねではない「自己本位」といっている。

漢文で培《つちか》った文学の感覚が、英文ではおぼつかない。それは両者の性質が異なるからではないだろうか。言い換《か》えれば、漢学における文学と英語における文学とは異種類のものなのだ。

「余はここにおいて根本的に文学とは如何《いか》なるものぞといへる問題を解釈せんと決心したり」(『文学論』序)

研究の対象は、英語、英文学から文学へと移る。だが文学書を読んで文学が何かを知ろうとするのは「血をもって血を洗う」ようなもの、つまり目的と手段が間違っている。そして「余は社会的に文学は如何なる必要あって、存在し、興隆《こうりゅう》し、衰滅《すいめつ》するかを究《きわ》めんと誓《ちか》へり」という。

池田からヒントを得て、文学論の科学的な総合研究を思いついたのである。これは一〇年計画の大構想だ。そして下宿に籠もって、文学論の執筆に打ち込む。蠅《はえ》の頭ほどの小さな文字で、自分の考えを、ノートに日夜となく書き続ける。

金持ちとの縁組み

鏡子の父、中根重一に手紙を書き送る。その窮状《きゅうじょう》に慰《なぐさ》めの言葉をかけた後、鋭《するど》い文明批判を述べている。

――新聞などで知ったところですが、日英同盟の締結《ていけつ》は、日本では大騒ぎだという。このような事で騒ぐのは、あたかも貧乏人が金持ちの家と縁組みをした喜びのあまり鉦《かね》や太鼓《たいこ》をたたいて村中をかけ回るようなものです。

現代ヨーロッパ文明の失敗は、明らかに貧富《ひんぷ》の格差、すなわち不平等の極端なことに原因がある。この不平等が多くの有為《ゆうい》な人材を年々餓死《がし》、凍死《とうし》させ、無教育に終わらせている。その結果、逆に平凡な金持ちに愚《おろ》かな主張を実行させることになるのではないか。カール・マルクスの理論は、純粋の理屈としても欠点はあるが、今日の世界に出現するのは当然だと思います。ロンドン到着後、一冊の本を書こうと日夜読書とノートをとり、自分の考えを書き続けています。本を著すのならば、西洋人のカスではつまらないので、人に見せても一応恥ずかしくないものを書こうと励《はげ》んでいます。(一九〇二・三・一五)

この年一月、日英同盟はロンドンで調印《ちょういん》されたばかり。「貧乏人が金持ちの家と縁組みをしたようなもの。喜びのあまり鉦や太鼓をたたいて……」とは、極めて辛辣《しんらつ》だ。だが国際情勢をみれば的を射た批判のようである。

日本国内では、日英同盟締結の祝賀会が全国で開かれた。明治初期から長く東大医学部で教鞭をとったドイツ人医師E・ベルツは、「日本人は、新しい同盟がうれしくて夢中になっている。(略)慶応義塾の学生は盛大なたいまつ行列を催《もよお》し、英国公使館の前で万歳をやった」(『ベルツの日記』、一九〇二・二・一四)と記している。

この日英同盟は、ロシアの中国への進出を牽制《けんせい》するとともに、日英両国の朝鮮と中国における権益《けんえき》の擁護《ようご》を目的とした軍事同盟である。同盟締結により、大日本帝国は、ロシアとの戦争へ向けて、準備体制を着々と整えていく。

ヨーロッパ情勢から貧困論、はてはマルクスへと、漱石の興味と関心は拡がる。下宿にこもっていても、大英帝国ロンドンにいる価値がある。マルクスの理論とは、資本主義《しほんしゅぎ》の研究から社会主義への発展を説いた『資本論』（一八六七年）の研究などをさす。

東北大学附属図書館の漱石文庫には、漱石の蔵書『資本論』第一巻英語版が所蔵されている。資本論の研究は日本では一九二〇年代になるから、それよりも二〇年近くも早くに読んでいたことになる。

子規への最後の手紙

時期は少し前後するが、病床の子規から、ロンドンの漱石のもとに手紙が届いた。なんとも悲痛な手紙である。これが子規から漱石にあてた最後の手紙となった。

《僕ハモーダメニナッテシマッタ、毎日訳《わけ》モナク号泣《ごうきゅう》シテ居ルヨウナ次第ダ、ソレダカラ新聞雑誌へモ少シモ書カヌ。手紙ハ一切廃止《はいし》。ソレダカラ御無沙汰シテスマヌ。今夜ハフト思イツイテ特別ニ手紙ヲカク。イツカヨコシテクレタ君ノ手紙ハ非常ニ面白カッタ。近来僕ヲ喜バセタ者ノ随一《ずいいち》ダ。僕ガ昔カラ西洋ヲ見タガッテ居タノハ君モ知ッテルダロー。ソレガ病人ニナッテシマッタノダカラ残念デタマラナイノダガ、君ノ手紙ヲ見テ西洋へ往《いっ》タヨウナ気ニナッテ愉快《ゆかい》デタマラヌ。モシ書ケルナラ僕ノ目ノ明《あ》イテル内ニ今一便ヨコシテクレヌカ（無理ナ注文ダガ）。画ハガキモ慥《たしか》ニ受取タ。倫敦《ロンドン》ノ焼芋《やきいも》ノ味ハドンナカ聞キタイ。（略）僕ハトテモ君ニ再会スルコトハ出来ヌト思ウ。万一出来タトシテモソノ時ハ話モ出来ナクナッテルデアロー。実ハ僕ハ生キテイルノガ苦シイノダ。（略）書キタイコトハ多イガ苦シイカラ許シテクレ玉エ。

明治三十四年十一月六日　燈火ニ書ス。　東京　子規拝

倫敦ニテ

漱石兄

》

それまで何度か子規に送った漱石の手紙は、『倫敦消息《しょうそく》』として、『ホトトギス』に三回ほど掲《けい》載《さい》された。「愉快デタマラヌ」という手紙を生きているうちに「今一便ヨコシテクレヌカ」という子規の求めに、漱石はこたえることができない。『倫敦消息』をついに書き送れなかった。これは漱石に大きな悔いとなって残った。

この手紙の翌月一二月一八日、漱石は子規に最後の手紙を送る。ハイド・パークの演説やレスリング見物、五回目となる転居のことなどをただ報告するだけに終わっている。

子規は翌一九〇二年九月一九日、とうとう亡くなった。享年三四。一一月下旬、ロンドンの漱石のもとに虚子から訃報《ふほう》が届いた。その虚子への返信である。

——小生、出発の当時より生きて面会することは到底できないものと思っていた。これは二人とも同じような心持ちで別れたことだから、今さら驚きはしない。ただただ気の毒と言うより外ない。ただしこういう病気に苦しみ悩むよりも、早く往生《おうじょう》する方があるいは本人の幸福かとも思う。『倫敦消息』は子規が生きている間、慰《なぐさ》め方々送ったまでの筆の遊び、取るに足らぬむだな話とご覧ください。その後も何か書き送りたいとは思ったが、ご存じの通りの無精者《ぶしょうもの》で、そのうえ時間がないとか勉強をしなければならないなどと生意気なことばかりいい、ついついご無沙汰をしているうちに子規は亡くなってしまった。まことに大兄らに対しても申し訳なく、亡友に対しても悔《く》やみ恥じるばかりです。(同・一二・一)

これには「倫敦にて子規の訃《ふ》を聞きて」として、「手向《たむ》くべき線香もなくて暮の秋」「きりぎりすの昔を忍び帰るべし」など自作の五句を添《そ》えている。きりぎりすは『七草集《ななくさしゅう》』の漱石と子規の青春時代を思い起こさせる。

『自転車日記』

子規の亡くなったころ、漱石も強度のうつ状態に悩み苦しんでいた。自室に引きこもって勉強ばかりしている漱石に、下宿の女主人ミス・リールが見かねて、気分転換のため自転車に乗ることを強く勧《すす》める。

下宿はクラパム・コモン、ロンドン市内の南西部にあった。このしつこい勧めについに降参した漱石は、近くの公園で自転車に乗る練習を始める。

これは帰国直後、すぐに『自転車日記』としてまとめられて、『ホトトギス』に発表された。子規が求めた『倫敦消息』のいわば続報にあたる。独特の滑稽《こっけい》な描写のなかに、異国でひとり心を病む漱石の孤独と哀愁《あいしゅう》が漂《ただよ》う。監督官とは、同じ下宿にいた友人、犬塚武夫《いぬづかたけお》だ。筆者による『自転車日記』の現代文の簡約《かんやく》（抄《しょう》）を記す。

＊　＊　＊

「どこへ行って乗ろう」「どこだって今日初めて乗るのだから、なるたけ人の通らない、道が悪くなくて、落ちても人の笑わないようなところに願いたい」。降参した身ながらいろいろ条件を出してやる。

情け深い監督官は、私の心中を憐《あわ》れんで、クラパム・コモンのあまり人のいない大きな道の横手にある馬場へ、私を連れて行った。そして「さあここで乗ってみたまえ」と言う。いよいよ降参人の降参人たる本領を見せなければならないことになった。ああ、なんと悲しいことだろう。「乗ってみたまえ」とはすでに友人の言葉ではない。その昔、本国にあって、景気のいい時代からひとり落ち目となり資金が窮乏《きゅうぼう》した今日に至るまで、人が自転車に乗っているのは見たことがある。だが自分が乗ってみた覚えはまったくない。

それなのに「乗ってみたまえ」とは、あまりにも無慈悲《むじひ》な一言ではないか。怒りで髪の毛は鳥打帽《とりうちぼう》を突き猛然《もうぜん》とハンドルを握ったままではあっぱれな武者ぶりで頼もしかった。

だがさあいよいよ鞍《くら》(サドル)にまたがって当たりを見回し勇気を示そうとすると、おあつらえ通りにはいかない。いざとなるとズドンと落ちるのだから妙なものだ。自転車は逆立ちも何もせずに大して落ち着きはらったものだが、その乗客だけは鞍にうまくおさまらずにズズンデンドンと転がる。かつて講釈師《こうしゃくし》に聞いたような話だが、それを自ら演じるとはいやはや。一体、これはどうしたことか。(略)

「もう一遍頼《いっぺんたの》むよ。もっと強く押してくれたまえ。なにまた落ちる? 落ちたって僕の身体だよ」と、降参人なのを忘れてしきりに威勢《いせい》のいい言葉をはいてやる。すると出し抜けに後ろからSir!《サー》

と叫《さけ》んだ者がある。はて滅多《めった》な外国人にお近づきの人はいないはずだがと振り返ると、ちょっと人を驚かすほどの大きな巡査《じゅんさ》がぬーっと立っている。

こちらはこんな人とお近づきではないが、巡査の方では、このぽっと出て来たチンチクリンの田舎者《いなかもの》に近づかなければならない理由があって、近寄って来たものとみえる。

その巡査が言うには、「ここは馬に乗る場所で自転車に乗る場所ではない。自転車の稽古《けいこ》をするのなら、往来《おうらい》へ出てやらっしゃい」「オーライ、謹《つつし》んで命令を聞きました」と、私は和英混ぜた答えをして、博学のほどをみせてやった（往来にオーライをかけた）。

すぐさま監督官にこの巡査の命令を伝えると、監督官は降参人の今日の凹《へこ》み加減を見て十分と思ったのか、「もう帰ろうじゃないか」と言う。それで乗れなかった自転車を直ちに引っ張って帰宅する。

「どうでした」と聞く婆さんの問いかけに、戦に敗れた気持ちをもらす。車いな鳴いて日は暮れ、耳鳴りして秋は来る。ヘン。（『唐詩選《とうしせん》』の呂温《りょおん》の詩『䇳路感懐《きょうろかんかい》』にある「馬嘶《いなな》きて白日《はくじつ》暮れ、剣鳴りて秋気来《しゅうききた》る」のもじり）

むく犬のように

文部省から一〇月初め、ドイツに留学していた藤代禎輔に、「夏目、精神に異状あり。藤代同《どう》道《どう》帰国せしむべし」との電報が届く。留学期限の二年も間近に来ていた。漱石はこのころ、一か月ほどスコットランド旅行に出かけていた。

「英国人は余を目《もく》して神経衰弱といへり。ある日本人は書を本国に致して余を狂気なりといへる由《よし》。賢明《けんめい》なる人々の言ふ所には偽《いつわ》りなかるべし」（『文学論』序）と、漱石は皮肉を書いている。

いっしょに帰国しようと藤代が一一月初めロンドンに漱石を訪ねると、別に心配するほどのこともなさそうだ。どういうわけか、大げさに当局者に伝わったらしい。そこで誰が文部省に漱石の事を知らせたのかをめぐりいろいろなうわさが流れた。

疑われたのは、東大英文科の後輩で、二高教授を務めた土井晩翠《つちいばんすい》だ。『荒城《こうじょう》の月』の作詞者としても有名である。当時、土井は英国に私費留学中で、下宿に先輩漱石を訪れ、一〇日ほど滞在している。漱石を失脚《しっきゃく》させて、その後釜《あとがま》に座ろうと計ったといううわさが流れた。鏡子夫人もそう信じていたようだ。しかし土井は、これをまったくの誤解だと強く否定している。

その藤代は、漱石の下宿に泊まり、「留学生としてはよくもこんなに買い集めたと思う程書籍が多い」と驚いたという。ロンドン市内のナショナル・ギャラリーや大英博物館などを案内してもらった後、藤代は漱石より先の船で帰国の途に着いた。

続いて漱石も、藤代より二便遅れて帰国する。日本船の博多丸に乗り、一二月五日、ロンドンを出発した。

「倫敦に住み暮らしたる二年は尤《もっと》も不愉快の二年なり。余は英国紳士の間にあつて狼群《ろうぐん》に伍する一匹のむく犬の如く、あはれなる生活を営みたり」

「留学中に余が蒐《あつ》めたるノートは蠅頭《ようとう》の細字にて五六寸の高さに達したり。余はこのノートを唯一の財産として帰朝《きちょう》したり」（『文学論』序）

五、六寸では、厚さ二〇センチほどのノートになる。

第4章 小説家でデビュー

——一高・東大講師（1903〜1906）

英国から帰国

漱石が乗った博多丸《はかたまる》は、年が明けた一九〇三（明治三六）年一月二三日、神戸港《こうべこう》へ入港した。翌日、鏡子《きょうこ》夫人は、父の中根重一《なかねしげかず》といっしょに、東海道線の国府津《こうづ》駅まで出迎えに行った。当時、洋行帰りに流行っていたハイ・カラー（高い襟《えり》）のシャツにスーツ姿で、漱石は駅頭に降り立った。長女の筆子《ふでこ》、次女の恒子《つねこ》は、人見知りして、おびえて泣き出したという。一家は、ひとまず実家の中根家の離れに落ち着く。

「倫敦《ロンドン》に住み暮らしたる二年は尤《もっと》も不愉快《ふゆかい》の二年なり」というように、英国にいい印象をもてなかった。だが英国留学は、夏目金之助にとって、漱石となるのに通過しなければならないひとつのトンネルだった。森林太郎《もりりんたろう》が鷗外《おうがい》となるのにドイツ留学を経なければならなかったように。はるか遠いヨーロッパから日本を冷静に観察することは、この明治の時代に大きな意味があったはずだ。

帰国したばかりの一月二七日、亡き親友、子規《しき》の墓参りに、田端《たばた》の大龍寺《だいりゅうじ》を訪れる。そのときの情景を漱石は記している。

「霜《しも》白く空重き日なりき。我西土《せいど》より帰りて始めて汝《なんじ》が墓門に入る。爾時《そのとき》汝が水の泡は既に化して一本の棒杭《ぼうぐい》たり。われこの棒杭を周《まわ》る事三度、花をも捧《ささ》げず水も手向《たむ》けず、只この棒杭を周る事三度にして去れり。我は只汝の土臭き影をかぎて汝の定かならぬ影と較《くら》べんと思ひしのみ」（『無題』）

私は、ただ君の土臭い影をかいで、もはや定かではない君の面影《おもかげ》と比べてみようと思ったまでだ。子規を失った深い悲しみに沈んだ。

二年間の英国留学中、また留守家族も大変だった。留守をあずかる鏡子は、留守宅休職給二五円（年額三〇〇円）が毎月支給されるが、そのうち製艦費二円五〇銭その他を差し引かれて、手元には二〇円ほどしか残らない。実家の生活も急に貧しくなり、そこで母子とお手伝いの四人で暮らすのは苦しい。

鏡子は、二年半たって漱石が帰国したときには、着物も布団《ふとん》もほとんど着破って、ろくに満足なものはなかったという。

「それでも私一人のことはどうやらすむのですが、子供二人にはもともとお古からが何もないのですから、季節季節には何か買ってやらなければならないので、ほんとうに弱りました」（『漱石の思い出』）

中根の家から三月初め、本郷区駒込千駄木町五七番地の空き家に転居する。これは偶然にも、ドイツ留学中の友人、斎藤阿具《さいとうあぐ》の持ち家だった。ここで翌年に『吾輩《わがはい》は猫である』（以降『猫』）を書き、この家は通称「猫の家」と呼ばれる。

この千駄木の家には、かつて一年半ほど、森鷗外が住んだこともあった。鷗外は、この家を「千朶山房《せんださんぼう》」と名づけ、小説『文《ふみ》づかひ』を執筆した。鷗外と漱石が暮らしたこの千駄木の家は現在、愛知県犬山《いぬやま》市にある明治村に移築保存されている。

家の西側は、生け垣を隔てて、郁文館《いくぶんかん》中学の校舎と校庭に接していた。『猫』にも出てくるように、野球部の練習の時に、ボールがたびたび家に飛び込んで来る。これがまた漱石の頭痛のタネとなった。

東大と一高の講師に

その翌月の四月、漱石は、第一高等学校と東大英文科の講師に就く。本来、帰国後は五高にもどらなければならない。だが漱石は、もう二度と熊本へは行く気はなかった。

小泉八雲《こいずみやくも》（ラフカディオ・ハーン）の後任で、上田敏《うえだびん》、A・ロイドとともに任命された。漱石と上田は初の日本人講師である。

当時、一高校長となっていた親友の狩野亨吉《かのうこうきち》、東大教授の大塚保治《おおつかやすじ》らの世話によるものだ。漱石の交友関係では、「菅虎雄《すがとらお》は親友、狩野亨吉は畏友《いゆう》、大塚保治は知己」といわれる。畏友とは、尊敬する友人のことだ。

大学が週六時間、一高が二〇時間、シェークスピア講義などのノートを綿密につくり、準備と勉強に打ち込んだ。そして英文学概論の講義を始める。だが学生に敬愛されていた前任の小泉八雲の留任運動も起きていて、漱石は学生らにとくに好意的には迎えられなかった。

学生たちは、「テキストを通読のうえアクセントを正し、難しい文句を問うに過ぎず、つまらぬ授業だ」「一人の小泉先生が去って、今度頭数は増えたが」と不満をつのらせた。

漱石自身、教師は好きではないうえに、英国で構想した著述の計画もある。だが家族の生活費をかせぐためには仕方ないという責任感もあり、精神的なストレスが高まるばかりだった。

このころ菅虎雄は、一高教授のまま中国南京《ナンキン》の学校に一時赴任していた。

――高等学校はすきだ。大学はやめるつもりだ。（略）僕は高等学校へ行って、くだらないおしゃべりをして月給をもらっている。それでもなかなかよい教師だとひとりで思っている。大学の講義も大得意だが、わからないそうだ。あんな講義をつづけるのは生徒に気の毒だ。といって生徒が納得できるようなことは教えるのがいやだ。（一九〇三・六・一四）

その講義も、程度が高いために、学生にはよく理解できず、まじめに聴く学生も少なかった。

一高の方は、語学中心のため講義はしやすかった。追伸《ついしん》に「君がいなくなって、悪口を闘わす相手がいなくなって甚《はなは》だ無聊《ぶりょう》を感ずるよ」と退屈をこぼし、ひとりさみしそうだ。「能もなき教師とならんあら涼し」と心境を詠み、自嘲気味だ。

好評なシェークスピア講義

続けて菅に手紙を送る。子規の『ホトトギス』は虚子《きょし》に引き継がれた。その虚子に頼まれて、漱石は帰国後初となる文章を書いた。

——僕は、最近の『ホトトギス』に、『自転車日記』という名文をやむをえずに寄稿したからみてくれたまえ。あまり上品な文章ではないが、なかなかうまいよ。（略）僕は大学を辞《や》めるつもりで文科大学長に会い意見を言ったが、逆に学長の大熱弁でやり込められてしまった。すごすごと引き上げたが、なんとも無能なことではないか。（略）

近ごろの梅雨《つゆ》の天気うっとうしく大変困る。平生《へいぜい》の物草太郎《ものぐさたろう》はますます物草太郎になるなどとすましているうちに天罰てきめんだ。胃病や神経衰弱と医師もサジを投げるような事態が近き将来起きるのではないかと察せられる。（同・七・二）

この年の梅雨ころから、また精神状態が悪化した。夜中にむやみと癇癪《かんしゃく》を起こし、枕から何から手当たり次第に放り投げたという。帰国直後にも、突然腹を立て、座っていた筆子の頭をたたいたこともあった。「探偵《たんてい》」「小刀細工《こがたなざいく》」という頭にこびりついた脅迫的な観念や追跡されているという妄想など、神経過敏《かびん》に悩まされた。

鏡子は、「子供が泣いたといっては怒り出しますし、時には何が何やらさっぱりわけがわからないのに、自分一人怒り出しては当たり散らしております。どうにも手がつけられません」と証言している。

近所に住む家庭医の尼子四郎《あまこしろう》に相談のうえ、東大医科大学の精神医学者・呉秀三《くれしゅうぞう》の診察を受けた。呉は日本の精神医学の創設者として知られる。

呉の診断では、「ああいう病気は一生なおりきるということがないものだ。なおったと思うのは実は一時沈静しているばかりで、後でまたきまって出てくる」ということだ。お手伝いは追い出すし、鏡子や子どもに当たることが多くなる。とうとう鏡子も、子どもを連れて二ヶ月ほど実家に帰った。

秋九月になると、漱石は、大学の一般講義で、シェークスピアの『マクベス』を新たに始める。この講義は大変な好評となり、一番大きな二〇番教室がいつも満員になった。一躍《いちやく》して文科大学一番の人気講義となった。『マクベス』から『リア王』『ハムレット』と続き、次第に英文学概論も人気となる。

オリジナルを

その講義を受けた学生のひとりは、漱石はオリジナル（独創的）なものを尊重し、大いに奨励《しょうれい》したと言っている。

「先生は学生に向かって、オリジナルなものを盛《さかん》に奨励《しょうれい》せられた。或《あ》る問題を捉えて研究して行ってその結果がつまらないものという事が分っても、そのつまらないということを知るのも有益な結果を得た事になると嘗《かつ》て教室で言われたのは独創を尊ぶ先生の豪《えら》い処《ところ》だと敬服している」

（松浦一《まつうらはじめ》『「文学論」の頃』）

またある学生は、講義後に漱石が語った読書論を書きとめている。

「如何《いか》に多くの書を読むも己《おのれ》の心先《ま》ず定まらざれば何の益もなき事なり、特に文学を味わんと欲《ほっ》する者はこの点に心をとめざる時は底ぬけとなり終るべし、世には多くの書を読みたりとて誇《ほこ》れるものあれど何が故《ゆえ》に誇るものなるや予《よ》には毫《ごう》もわからず、大学の図書館に一生涯もぐり込みて書を読みたりとて到底読みつくすべきにもあらず……又世には読むこと多くして然《し》かも読書の為めに影響をうけざる者多し是等《これら》は何のために読書せしなるか頗《すこぶ》る怪しきものなり　従ってかかる徒《てあい》の多読を誇るは愚の極みと言うべし云々《うんぬん》……平凡の様なれど聞くべき値あり」（金子健二『東京帝大一聴講生の日記』）

千駄木《せんだぎ》の夏目家には、学生が次第に顔を見せるようになる。また漱石は、絵の具を買ってきて、水彩画《すいさいが》を始める。やがて五高時代の教え子、橋口貢《はしぐちみつぎ》と自作の絵はがきの交換をするようになる。

秋には三女の栄子《えいこ》が生まれた。翌年の春から夏には、精神状態もだいぶ和《やわ》らいだ。ある日の一高の講義風景である。

「またある日、剽軽《ひょうきん》な生徒が、『先生！ このイン・グーッド・タイムというやつは、何《な》んですか』と訊《き》いた。その時、丁度《ちょうど》放課の鐘《かね》が鳴った。すると先生は、すぐ本を畳んで、『放課の鐘が鳴ると、質問があろうが、あるまいが、教師は、イン・グーッド・タイムに、部屋からさっさと、出ていった』と言い乍《なが》ら、一同の拍手を浴びて、さっと教室から出てゆかれたりなどした」（鶴見祐輔《つるみゆうすけ》『一高の夏目先生』）

イン・グーッド・タイム（in good time）は、ここでは「時間通りに」を意味する。

時あたかも一九〇四（明治三七）年二月八日、旅順港《りょじゅん》にいたロシア艦隊への日本海軍の奇襲攻《きしゅうこう》撃《げき》により、日露戦争が始まった。

いやなら零点《れい》

漱石と学生らとの交流や手紙のやり取りも盛んになった。また生活費を補うために、明治大学の講師も引き受けている。

日比谷中学の教師を辞《や》めたいという野間真綱《のまのまつな》からの相談に返事を送る。五高、東大英文科の教え子の野間は、鹿児島県出身、旧藩主《はんしゅ》の島津《しまづ》家に住み込み家庭教師をしていた。少し辛抱《しんぼう》するように説得している。

――島津家の授業は一年限りで終わりなのだろう。中学教師の口をいま辞めたら次はいつあるかわからない。だからここは辛抱するのが大事だ。また地方の学校へ行っても、雑務が多くていまの授業よりも困難だろう。(一九〇四・五・二九)

英文学科学生の野村伝四《のむらでんし》へ、「某《ぼう》先生」の署名ではがきを送る。伝四も野間と同じ鹿児島の出身だ。ユーモアあふれる文面だ。

――ビスケットをかじりながら試験答案を調べると、ビスケットはすぐになくなるが、答案は一向に進まない。荻生徂徠《おぎゅうそらい》(江戸中期の儒学者《じゅがくしゃ》)は、炒《い》り豆をかじりながら古人を罵《ののし》るのはじつに心地よいという。私はビスケットをかじって学生を罵るのはじつに不愉快だが、さあ伝四君どうでしょう。君の英文が下手なのは本をたくさん読まないからだ。日進月歩《にっしんげっぽ》の今日、弟子は先生を超えなくてはいけない。そのつもりで少しは工夫して本を読まなければいけないよ。さあ伝君どうしますか。(同・六・一八)

嫌いな試験の採点だが、精神の状態もよく余裕である。先生からこんな愉快なはがきをもらった伝四の笑顔が浮かんでくる。伝四はよほど気に入られたようだ。

——君が遠慮して来なくても毎日来客で繁昌《はんじょう》している。ビスケットは、非常に速く進展して、もはや一個もない。その代わり、答案の方はとても予定通りには進まない。君の答案は思いのほかマズイ、この次はうまくやりなさい。小山内薫《おさないかおる》(後の劇作家)や中川芳太郎《なかがわよしたろう》の方がずっといい。(同・六・二二)

漱石、人に頼まれて調べものをすることになった。だが多忙でできない。そこで伝四に依頼する。

——拝啓《はいけい》、僕、ある人から頼まれてモロッコ国の歴史概略《がいりゃく》の調べを受け合ったが、多忙でとてもできない。君、二、三時間をつぶして図書館に行って、五、六ページにまとめて書いてくれたまえ。お願いだから、古来からの政体などの変遷《へんせん》がちょっとわかればよい。右至急要るからそのつもりでお願いする。左様《さよう》なら。(同・九・二三)

なんと追伸には、「是非やってくれなくてはいけない、いやだなどというと卒業論文に零点《れいてん》をつける　ブリタニカヲ見レバアルダラウ」とある。ブリタニカは英国で出版された百科事典のこと。下請《したう》けの押しつけと体のいい脅《おど》しだ。いまならさしずめアカデミック・ハラスメント、アカハラと言われそうだ。そこは明治の時代、信頼あつい師弟間のユーモアだ。急いで伝四は図書館に走ったのだろう。

黒い子猫

この一九〇四年の初夏、生まれて間もない黒い子猫が、どこからともなく家に迷い込んできた。猫嫌いの鏡子らがいくら外へつまみ出しても、またニャンと鳴いて、家の中に上がってくる。それを見た漱石の「そんなに入って来るなら、置いてやったらいいじゃないか」の一言で、猫は晴れて夏目家の一員になった。よく見ると全身真っ黒、福を招く福猫という。この黒い子猫は、やがて小説の主人公として登場し、日本中で一番有名な猫になる。

秋一一月ころ、漱石は、高浜虚子に自らが開く文章会に提出するための文章を書くように勧められる。虚子には、鏡子に頼まれて、漱石の気分転換を促す意図もあった。

その文章会の日、虚子が千駄木の家に寄ると、思いの外にも書き上がっていた。虚子にその場で朗読《ろうどく》してもらい、漱石は聞きながら笑い興じた。タイトルを『猫伝《ねこでん》』とするか『吾輩《わがはい》は猫である』とするか決まらず、虚子の選ぶ後者に決まった。

この『猫』第一回は、翌一九〇五年元日発行の『ホトトギス』一月号に発表された。ちょうどこのころ、ロシア帝国の難攻不落の旅順要塞《りょじゅんようさい》を日本軍が陥落《かんらく》させ、日本国内はお祭り騒ぎにわいていた。

『猫』は、猫を語り手にした斬新《ざんしん》な表現手法をとり、主人公の苦沙弥《くしゃみ》先生のもとに出入りする友人や門下生などを、ユーモアと社会風刺《ふうし》をまじえて描かれた小説だ。

一回切りのつもりが、好評のため回を重ねることになり、翌年八月号まで全一一回の長編小説となった。後に上中下の三巻本で出版された。漱石の作家としてのデビュー作である。たちまち大評判となり、同時に『倫敦塔《ロンドンとう》』なども発表されて、漱石は一躍文壇《いちやくぶんだん》の人となった。これまで蓄積してきたものを一気に書き始める。

季子《きし》の剣

漱石は、『猫』について、こう書いている。

病の床から子規が求めてきた『倫敦消息』を書き送ることができなかった。子規に対しての気の毒を晴らさないうちに、とうとう彼を殺してしまったという。

「子規がいきていたら『猫』を読んで何と云《い》うか知らぬ。或《あるい》は倫敦消息は読みたいが『猫』は御《ご》免《めん》だと逃げるかも分らない。然《しか》し『猫』は余を有名にした第一の作物《さくぶつ》である。有名になった事が左程《さほど》の自慢にはならぬが、墨汁一滴《ぼくじゅういってき》のうちで暗に余を激励した故人に対しては、この作《さく》を地下に寄するのが或は恰好《かっこう》かも知れぬ。季子《きし》は剣《けん》を墓にかけて、故人の意に酬《むく》いたと云うから、余も亦《また》『猫』を碣頭《けっとう》に献《けん》じて、往日の気の毒を五年後の今日に晴らそうと思う」(『猫』中篇自序)

子規は、『墨汁一滴』で暗に私を激励してくれた。その故人に対しては地下に届けるのがいいのかもしれない。季子は剣を墓にかけて故人の意思に報いたというから、私も『猫』を子規の墓石に献じて、昔の気の毒を晴らそうと思うという。

深い悔恨《かいこん》の念が漱石に残った。『猫』を子規の墓に捧げ、「季子の剣」にならうという。これは中国の故事である。

呉《ご》の王子、季札《きさつ》(季子)は使者として他国へ行く途中、徐国《じょ》を通った。徐の君主は、季札が帯びた剣を見て気に入ったが、欲しいとは言わなかった。任務の途中なので、季札も、剣を徐君に献上《けんじょう》できない。季札が任務を終えて再び徐を通ると、すでに徐君は亡《な》い。季札は、自分の剣を徐君の墓にかけて去った。心に決めたことを守る、信を重んじることを説いている。

大学予備門以来の友人、「猫の家」家主の斎藤阿具《さいとうあぐ》は、「漱石が小説家になったのは偶然」と興味深い見方を示している。夏目が小説家になろうとは学生時代誰も思わなかったし、恐らく夏目自身もそうだったろうという。

「然《しか》るに君の親友たる正岡氏が病気のため雑誌ホトトギスを続刊するに苦しんだから、君は例の親切心から、正岡氏の為に之《これ》を寄稿して之を援《たす》けたるに、その作は忽《たちま》ち世人の注意を惹《ひ》き、殊《こと》に『猫』に至っては大《おお》いに世人の讃歎《さんたん》を博したから、君も之《これ》に力を得、且《か》つ学校などに出入しては、面白くもない人々と顔を合せ言を交うる訳故、終《つい》に断然引込んで、専《もっぱ》ら筆硯《ひっけん》に親しむこととなったのであろう。斯様《かよう》に観来れば、君が明治の小説界の大家として顕《あら》われたのも、偶然の出来事であるかも知れぬ」(斎藤阿具『夏目君と僕と僕の家』)

子規との交友から寄稿した『猫』の大好評、これらの偶然が重なり、大作家が誕生することになったというわけだ。

たしかに漱石も自分の消極性を自覚している。文学を選んだのは米山、教師になったのは外山学長の助言による。作家になったのも、虚子に勧められて書いたのがきっかけだ。進んで自ら選び取ったのではない。この偶然という指摘にも一理ある。

鏡子は、このころの漱石の創作の様子について、「傍《はた》で見ているとペンをとって原稿紙に向かえば、直《ただ》ちに小説ができるといったぐあいに張り切っておりました。だから油が乗っていたどころの段じゃありません。それですもの書き損じなどというものは、まったくといっていいほどなかったものです」（前掲書）と、驚くようなことを話している。またそれが晩年になると書くのに呻吟《しんぎん》して、「山のように書きそこねの原稿紙を出していた」らしい。

人をほめる

人をほめるのも自分がほめられるのも、漱石は好きである。「ほめなくてはいけません」「ほめてくれないと進歩しない」という。自分のところに来る若い学生や門下生が小説や詩を書くと、それをうまくほめて創作意欲をかき立て、大いに励まし育てるのが上手だった。またその若い人たちから刺激を受けて、自分の創作のヒントにした。

その一九〇五（明治三八）年の正月、夏目家では『猫』の話に花が咲いた。虚子らが年始に寄って、イノシシ肉の雑煮《ぞうに》を食べる。一夜にして有名になった猫は、雑煮の残りを食べて、のどを詰まらせて踊り転げた。元日、野間真綱《のままつな》に手紙を送る。

――『猫伝』をほめてくれてありがたい。ほめられると増長して続篇続々篇などを書く気になる。とにかく自分のあらが一番書きやすくて当り障《さわ》りがなくてよいと思う。人が悪口を叩《たた》かぬ先に自

分で悪口を叩いておく方が洒落《しゃれ》てるじゃありませんか。（略）
昨日は伝四が来る寅彦が来る四方太《しほうだ》が来る。晩に目がさめたら百八の鐘をつくところだった。昔《むか》しなら感慨もあったが、いまでは何ともない。ただ聞いていたら寝てしまった。元日も好《よ》い天気で結構だ。今日は何だかシルクハットが被ってみたいから、ひとつ往来を驚かしてやろうかと思う。左様奈良《さようなら》。（一九〇五・一・一）
四方太の姓は坂本《さかもと》、子規門下の俳人である。ほんとうに漱石が元日にシルクハットをかぶり、往来を行く人を驚かせたかは不明だ。野間の親友、やはり英文科卒の教え子、皆川正禧《みなかわまさき》に手紙を書く。皆川と野間は、漱石の最初の講義を大学三年生で受けている。
——君の大々的な賛辞《さんじ》を得て、猫も急に鼻息が荒くなったようだ。続篇も書きたいなどと言っている。いずれ四月は『ホトトギス』が一〇〇号だそうですから、その時までに縁側で趣向《しゅこう》を考えておくという話です。皆川さんは『倫敦塔《ロンドンとう》』のようなものでなくてはお気に入らないかと思ったら、『吾輩』のようなものもわかる、えらいと猫は大喜びです。同じ駒込区内にこういう知己《ちき》があれば、町内の奴が野良猫と言おうが馬鹿猫と申そうが構う事はないと、満足のように見えます。この猫は向こう三軒両隣《さんげんりょうどなり》の奴らが大嫌いだそうです。（同・二・一三）

三重吉《みえきち》の手紙

漱石の家では、このころから文章会が月に一回ほど開かれるようになる。「文章には山がなければならぬ」という子規の言葉から「山会《やまかい》」ともいわれる。各自が文章を持ち寄って、朗読や批評をし合った。文章会には、高浜虚子、坂本四方太、寺田寅彦、皆川正禧、野間真綱、野村伝四、中川芳太郎《なかがわよしたろう》らが集まった。

中川芳太郎は、英文科の学生。卒業時、漱石はその卒論に最高点をつけたほどの優等生だ。中川の講義ノートを基に、漱石は『文学論』を書き上げる。中川にあてた手紙だ。

——手紙を頂戴ありがたく拝見しました。その後、君は大分勉強のようで結構です。何もする事がないとか外に面白い事がないと勉強するものだから、学者になるには君のような境遇《きょうぐう》が一番よいと思う。交際が多かったり女にほれられたりして大学者になったものはない。僕も勉強はしたいがいやはやの至りだ。(略)

しかし『猫』を書いて先月一五円もらったから早速パナマ帽を買って大得意でかぶっているところなどは随分子どものようだ。だが先日、友人が中国から帰って来て、同じくパナマ帽をかぶっている。しかも僕のよりずっと上等であるのを見て、『猫』を書くより中国へ出稼ぎする方が

得策だと思った。（同・七・一五）

試験監督など学校関係の雑務、卒業生の就職先の面倒などがあり、自分も勉強をもっとしたいがなかなかできない。『猫』の原稿料が入ってパナマ帽を買って得意になっていると、中国から菅虎雄《すがとらお》が帰国し、上等のパナマ帽をかぶっていた。それでがっかりして、それからかぶるのをやめてしまった。

同じく英文科学生の鈴木三重吉《すずきみえきち》は、友人の中川を介して漱石のもとに出入りするようになる。後年、三重吉は児童雑誌『赤い鳥』を創刊（一九一八年）したことで知られる。休学中の三重吉から長文の手紙をもらったといって、中川にこれもまた長い手紙を送る。

――ただいま三重吉君が一大手紙を送ってきたので早速拝見し、大《おお》いに驚かされた。第一に驚いたのはその長いこと、念のため長さを計ってみたら、八畳の座敷を縦にぶっこ抜いて、六畳の座敷を優に横断した。あれだけのものが書けるなら確かに神経衰弱《しんけいすいじゃく》ではない。休学などとは思いも寄らぬことだ。早速君から手紙をやって呼び寄せてくれたまえ。（略）

何《なん》でもかんでも学校に籍《せき》さえ置いていれば自然天然と文学士になるところを、休学なんてつまらない。出て来て方々遊んで歩いて時々は金やん先生の家などへ遊びに来れば、神経衰弱なんかすぐに治ってしまうさ。（略）

望むのは、一年間田舎へ引きこもるのを止《や》めて上京するように勧めて下さい。僕には三間《けん》（約五・四メートル）の手紙を書く勇気がないから、これでご免蒙《めんこうむ》ります。実際、三重吉君より僕の方が神経衰弱さ。親分が大神経衰弱だから、子分は少々神経衰弱でも学校へ出るがよかろう。（同・九・一二）

このころ漱石の家に泥棒《どろぼう》が入り、書斎《しょさい》にあったニッケル側《がわ》の懐中《かいちゅう》時計や来客の帽子や雨具などを盗んでいった。漱石の家にはよく泥棒が入る。

この三重吉の長い巻紙の手紙も難にあった。机の上に一端《いったん》が残り、その先は座敷を通り、庭木戸を抜けて畑にまで達し、最後の端《はし》はトイレットペーパーとして使われていたという。これを聞いた三重吉は大いに憤慨《ふんがい》したという。

やりたきは創作

漱石の家を訪れる客がにわかに増え、その応対にほどほど困惑《こんわく》している。野間真綱につい愚痴《ぐち》をこぼす。

――小生、日々来客責めにて何をする暇《ひま》もない。しかし来客の三分の二は小生にインタレスト（関心）をもっている人々だから、小生の方でも会うとつい話しが長くなる次第だ。つまるところ自分で来客を製造して自分で苦しんでいるに過ぎないという愚《おろ》かだ。そのため心ばかり焦《あせ》って、仕事は一向にできず愛想がつきる。(同・九・二三)

今度は、三重吉本人に送った励《はげ》ましの手紙だ。三重吉は郷里の広島市猿楽《さるがく》町の実家に帰っている。四〇年後の原爆爆心地のすぐ近く、原爆ドームとほんの目と鼻の先になる。

――休学中に中学の教師をやるというが、それでは神経衰弱が起こるばかりで休学にはなりませんよ。やはり島へでも行ってのんびりしたらいい。僕も小笠原《おがさわら》島あたりへちょっと流されてみたい。(略)最近とみに来客が増えて大いに人間が嫌《いや》になったから、五、六人に手紙を出して当分来ないように通知したら、その通知を受けた寒月《かんげつ》君が翌日に早速やって来ました。これではせっかくの通知も役に立たない訳です。(同・一〇・一二)

寒月君とは『猫』に登場する理学士の水島《みずしま》寒月、寺田寅彦がモデルとなっている。その寺田は、三日に上げずに漱石を訪ねている。学生らも次々に夏目家にやって来ては、勝手に寝転んでは話し込むなど、自由気ままに振る舞っていた。

「とにかくやめたきは教師、やりたきは創作」と、漱石はさかんにこぼす。三重吉へ手紙を送り、「僕の理想をいえば、学校へは出ないで、毎週一回自宅へ学生諸君を呼んで、ご馳走《ちそう》して、冗談を言って遊びたい」。博士の話もあるが、まったく興味がないという。

――君は島へ渡ったそうだが、何かそれを材料に写生文か小説のようなものでも書いてごらんなさい。われわれには想像できない面白いことがたくさんあるに違いない。文章は書く種さえあれば、誰にでも書けるものだと思います。（略）今日、洋服屋を呼んで、オーバー一枚と和服のコート一枚をあつらえました。ちょっと景気がいいでしょう。『猫』の初版が売れて、先日印税《いんぜい》をもらいました。だが妻が言うには、これで質に入っている物を出して、医者の薬代を払い、赤ん坊の生まれる準備をすると。あとへいくら残るかと聞くと、一文も残らないそうです。いやはや。（同・一一・九）

『猫』の印税が入って喜んでいると、鏡子に説教される。漱石は、それまで家計が苦しかったことにずっと気づかずにいた。鏡子に家計の実態を聞かされ、ひどくびっくりして、「そうかい」と言ったまま二の句がつげなかった。

ファンレター

その一九〇五（明治三八）年一〇月末、『猫』を読んだ意外な人、社会主義者の堺利彦《さかいとしひこ》から、漱石のもとに一枚のはがきが舞い込んだ。マルクスの盟友、ドイツの社会主義者F・エンゲルスの肖像絵はがきだ。

「新刊の書籍を面白く読んだ時、其《そ》の著者に一言を呈《てい》するは礼であると思います。小生は貴下《きか》の新著『猫』を得て、家族の者を相手に、三夜続けて朗読会を開きました。三馬《さんば》の浮世風呂《うきよぶろ》と同じ味を感じました。堺利彦」とある。

堺は一九〇三年、日露戦争開戦に反対し、幸徳秋水《こうとくしゅうすい》、内村鑑三《うちむらかんぞう》とともに開戦を主張する新聞『万朝報《よろずちょうほう》』を去り、新たに平民社《へいみんしゃ》を起こして『平民新聞』を創刊した。その翌年には、マルクス・エンゲルス共著の『共産党宣言』を掲載し発行禁止、平民社は解散となっていた。

この一九〇五年の九月、米ポーツマスで日露戦争の講和条約が調印《ちょういん》されると、講話に反対する民衆運動が各地で発生した。東京では日比谷焼打《やきうち》事件が起きた。そんなとき堺が、なんと家族といっしょに『猫』の朗読会をして楽しんでいるというのだ。

式亭《しきてい》三馬は、江戸後期の戯作者《げさくしゃ》。滑稽本《こっけいぼん》『浮世風呂』は銭湯《せんとう》を舞台に世相や風俗を描いた代表作だ。

まだ郷里広島にいる三重吉に一九〇六（明治三九）年、新年の手紙を送る。『ホトトギス』一月号の『猫』には、裏の「落雲館《らくうんかん》」、実際は郁文館《いくぶんかん》中学と漱石との「戦争」が書かれている。野球練習でボールが家にしょっちゅう飛び込んで来る。寄宿舎の生徒は、近所迷惑もはばからずに夜も騒いでいる。これをしっかり『猫』のネタにしようという。

――今日は大晦日《おおみそか》だが至って平穏《へいおん》、借金取りも来ず、炬燵《こたつ》で小説を読んでいます。『ホトトギス』を見ましたか。裏の学校から抗議でも来れば、また材料が出来て面白いと思っている。この学校の寄宿舎がそばにあって、その生徒が夜になると近所迷惑な騒動《そうどう》を起こす。今夜も盛んにやっている。この次はこれでも生け捕ってやりましょう。しまいには校長が何とか言って来ればいいと思う。ケンカでもないと『猫』の材料が不足していかん。（略）『早稲田文学』が出る。上田敏《うえだびん》君などが『芸苑《げいえん》』を出す。鷗外《おうがい》も何かするだろう。ゴチャゴチャ、メチャメチャ、その間に『猫』が浮き沈みしている。なかなか面白い。（一九〇六・一・一）

驚異的な筆力

上田敏は訳詩集『海潮音《かいちょうおん》』（一九〇五年）を出し、『即興詩人《そっきょうしじん》』（一九〇二年）を出版した軍医の鷗外は日露戦争から帰国する。

この一九〇五、〇六年が、「夏目にとっていちばん創作熱の旺《さか》んな年だった」という。『坊っちゃん』が『ホトトギス』に出たのが一九〇六年四月号、この号には同時に『猫（一〇）』も載《の》った。九月には『草枕《くさまくら》』、一〇月に『二百十日』が相次いで発表された。漱石自身「帰朝後の三年有半も亦《また》不愉快の三年有半なり」という。その精神状態が悪いときが、創作意欲が最も高揚《こうよう》したときのようだ。

『坊っちゃん』『草枕』でも、「書き始めてから五日か一週間とはでなかったように思います。多くは一晩か二晩ぐらいで書いたかと覚えています」と鏡子は話している。

『坊っちゃん』は四〇〇字詰め原稿用紙にして約二五〇枚が一〇日から二週間で、同じ月には一一〇枚の『猫（一〇）』を同時に書き終えている。暑くて書けないといっていた夏には、『草枕』二五〇枚を八月初めから一週間から一〇日で書き上げた。さらに同年秋に『二百十日』を四日間で、冬には『野分《のわき》』を十三日間で書き上げたといわれる。神がかりのような、信じられないような筆力だ。

漱石は当時、一高、東大、明治と三つの学校をかけ持ちして講義も忙しい。そのうえ鏡子によると、徹夜で書くことなどは一度もなく、いつも夜一一時ころには寝ていたという。執筆のスピード、創作熱と集中力には驚異的なものがある。

君は宝石をもっている

教師生活のわびしさを慰《なぐさ》めるのは若い学生らの訪問だ。英文科の学生だった森田草平《もりたそうへい》は、漱石の庇護《ひご》を受けることが最も多かったといわれる。その草平への手紙だ。

——何か不平でも気焔《きえん》でも言いたい時に、時間があったらいつでも僕の所へ手紙を寄こしてくれたまえ。僕は読むのを楽しみにしている。その代わり、それに匹敵《ひってき》する長い返事は出されないかも知れません。

『野菊の墓』の批評を書いてくれるとか、さぞ牛乳屋の主人は喜ぶだろう。どうか書いてやって下さい。左千夫《さちお》なんて聞いたこともない人だから、誰も相手にしてはくれない。（略）

君は衣食のために十分に学問ができないのを苦痛に感じているようだがごもっともです。僕も貧乏で一八、九の時から私立学校で教えて卒業までやり通したが、その時分は別に何という考えもなかったから、それほど驚きもしなかった。これが今日の君のようであったら、やはり大いに煩悶《はんもん》しただろう。夏休みに金がなくって大学の寄宿に籠城したことがある。そして同室の者の置き去りにしていったノミを一身に引き受けたのには閉口《へいこう》した。（略）

君が人の作品を読む態度は大変よいと思う。それでなければクリチシズム（批評）はできない。ただ人の長所を傷つけないだけの公平な眼は、お互いに是非《ぜひ》とも養成しなければならん。

（一九〇六・一・九）

いつでも不平不満や議論があれば言ってきなさい。僕は楽しみにしている。いつも相手に向き合い、いっしょに悩み、共感してくれる。漱石は大きな包容力をもっている。

子規に師事した伊藤《いとう》左千夫の『野菊の墓』は、『ホトトギス』に発表され、漱石が名品だと賞賛した。左千夫は、現在の錦糸町駅前で乳牛を飼育して、牛乳の製造販売をしていた。草平が苦学しているのを励まして、漱石は自分の体験を語っている。

続けて、少しうつ状態にある草平を慰める手紙を送る。

《陰でいう事なんかはどうでもよろしい。文章もいやになるまでかいて死ぬつもりである。他人は決して己《おのれ》以上遙《はる》かに卓絶したものではない。また決して己以下に遙かに劣《おと》ったものではない。特別の理由がない人には僕はこの心で対している。それで一向差支《いっこうさしつかえ》はあるまいと思う。君、弱い事をいってはいけない。僕も弱い男だが弱いなりに死ぬまでやるのである。やりたくなくたってやらなければならん。君もその通りである。死ぬのもよい。しかし死ぬより美しい女の同情でも得て死ぬ気がなくなる方がよかろう。》（同・二・一三）

よほど心配なのか、すぐにまた草平に手紙を書き送る。雑誌に書いた批評の感想などを述べてほめている。

——僕のようなものが到底文学者の例にはならないが、僕は君ぐらいの年輩《ねんぱい》のときには、今君が書く三分の一のものも書けなかった。その思想は大変に浅薄《せんぱく》な、かつ狭隘《きょうあい》極まるものだった。もちろん今でもご覧の通りのものしか書けないが、しかし当時から比べるとよほど進歩したものだ。それだから僕は死ぬまで進歩するつもりでいる。君なども死ぬまで進歩するつもりでやればいいではないか。（略）

君の文章には君ぐらいの年輩の人にしてはと思うような警句《けいく》が所々にある。それだけでも君は一種の宝石をもっている。

僕のつむじは砥石《といし》のように真っ直ぐだ。世の中が曲っているのである。『猫』は苦しいのを強《し》いて笑っているばかりじゃない。ほんとうに笑っているのである。（同・二・一五）

君は一種の宝石をもっている。こんな励ましの手紙を敬愛する先生からもらえる学生もまた幸福である。

もっと大胆《だいたん》になれ

文科大学の入学試験委員を依頼されたのに、漱石は多忙であることを理由に断る。試験委員は英語試験の出題、監督、採点などを担当する。教授会で問題となり、漱石は憤慨《ふんがい》する。大学の同僚、姉崎正治《あねさきまさはる》にあてた手紙だ。

――それでは悪いというのは形式に拘《こだわ》った澆季《ぎょうき》の風習だ。二〇世紀は澆季だからしようがない。だが下《した》っ端《ぱ》役人の社会や無学な社会ならとにかく、学者のそろう大学でそんなことを難しくいうのは、大学がお屋敷風、お大名風、お役人風になっているからだよ。（一九〇六・二・一七）

このときの大学当局の官僚主義的な態度への痛烈な批判が、『坊っちゃん』に描かれることになる。澆季とは、道徳心の衰え乱れた末世《まっせ》のことだ。

俳句仲間の虚子への手紙では、後年に説かれる「個人主義」につながる考え方が述べられている。何でも自分は自分流でやると主張する。

――これからの生涯に文章がいくつ書けるか、ケンカが何年できるか楽しみだ。自分の力は自分で試してみないとわからないものだ。（略）私は何をするにも自分流にするのが自分の義務であり、また天と親への義務であると思う。天と親とがこんな人間を生み、こんな人間で生きていろという意味だと思っている。これはどうすることもできない。それをどうかしようと思うのは、天の責任を自分が引き受け苦労するようなものだ。（同・七・二）

中川芳太郎は英文科を優秀な成績で卒業した。『文学論』の整理を頼まれた中川は、漱石がロンドンでつくったフロック・コートをもらった。中川には、実社会へ出ることへの一抹《いちまつ》の不安がある。何も恐れるな、大胆になれと漱石は助言する。

――世の中が恐ろしいとか。恐ろしいようだが、案外恐ろしくはないものだ。もし君の欠陥《けっかん》をいえば、学校のときよりも世の中を恐れ過ぎている。君は家にいておやじを恐れ過ぎ、学校で友だちを恐れ過ぎ、卒業して世間と先生を恐れ過ぎる。その上さらに世の中の恐ろしさを知ったらかえって困るくらいだ。恐ろしさを知る者は用心する。用心はたいがい人格を下落させるものである。世間のいはゆる用心家を見よ。(略)

私は君にもっと大胆になれ、世の中を恐れるなと勧める。自ら反《はん》して直《なお》き、千万人といえどもわれ行かんという気性《きしょう》を養えと勧める。天下は、君の考えるように恐るべきものではない。案外太平なものである。(同・七・二五)

自らを省みて正しければ、「千万人といえどもわれ行かん」という勇ましい言葉は、中国戦国時代の『孟子《もうし》』が出典だ。何も良心に恥じるところがなければ、反対者を恐れることなく進めという意味だ。

明治初期の青年は天下国家を憂《うれ》えたが、日清・日露戦争を経ると、次第に内面的、精神的な苦悩へと向かっている。近代的な社会が形成されるとともに、若者も近代的な自我《じが》に目覚め始める。

教え子、皆川正禧《みなかわまさき》にまた手紙を書く。

――この東洋城《とうようじょう》君なる者は非常に真面目《まじめ》な青年である。青年は真面目がいい。僕の様になると真面目になりたくてもとてもなれない。真面目になりかける瞬間に、世の中がぶち壊してくれる。有り難くも、苦しくも、恐ろしくもない。世の中は泣くにはあまり滑稽《こっけい》である。笑うにはあまり醜悪《しゅうあく》である。(同・一〇・二〇)

「青年は真面目がいい」とは、また真面目な漱石らしい。愚劣《ぐれつ》な世間に抗《あらが》う漱石のため息が聞こえてくるようだ。松根《まつね》東洋城は松山中学以来の教え子だ。一高、東大を経て、京大へ転入した。東洋城は俳号で、本名の豊次郎《とよじろう》をもじった。

小生も社会主義

東京市街鉄道(街鉄《がいてつ》)など電鉄三社が一九〇六年三月、運賃を値上げしようとして大反対運動が起きる。堺利彦らによって結党されたばかりの社会党などが乗り出し、市民を巻き込んだ大きな抗議運動に発展した。奇《く》しくも街鉄は、中学教師を辞めた坊っちゃんが技手として再就職した会社でもある。

三社の合併や値上げ申請《しんせい》の却下《きゃっか》と再申請などもあり、反対運動は九月ころまで続く。反対運動の一部参加者が電車を襲撃《しゅうげき》するなどして暴れたため、社会党員らに逮捕《たいほ》者が出た。

このころ農村から都市に出て来る若者が増え、下層社会の労働者となっていた。そうした若い労働者も反対運動に多数参加していた。
この運賃値上げ反対の行列（デモ行進）に「夏目氏の妻君是《さいくんこれ》に加われり」との新聞記事が『都《みやこ》新聞』に載った。これを見た友人が記事を切り抜いて、すぐに漱石に郵送してきた。漱石、少しもあわてることなく返事を書く。
——運賃値上げ反対の行列に加わらなくても、反対運動に賛成なので一向に構わない。小生もある点では社会主義なので、堺利彦氏と同列に参加したと新聞に載っても、少しも驚く事はない。ことに最近は何事をも予期しているので、新聞ぐらいに何が出ても驚かない。東京の新聞に一度、漱石が精神異常になったと出れば、小生はかえってうれしく思う。（同・八・一二）
「小生も社会主義ゆえ」というのには驚く。堺利彦からの『猫』のファンレターも念頭にあったかもしれない。それにしても鏡子夫人が反対のデモに加わり、ビラ配りをしていたというのはまったくのデマ、いまのフェイクニュースだ。

討《う》ち死《じ》に覚悟《かくご》

尊敬する友人、狩野亨吉《かのうこうきち》から連絡がきた。京都大学に文科大学（文学部）が置かれ文科大学長となるので、漱石に英文学の講座を担当しないかというのである。熱心に勧められたが、この魅力的な誘いを断る。狩野に二通の手紙を書き送った。

――僕は世の中を一大修羅場《しゅらば》と心得ている。そうしてその内に立って花々しく討ち死にをするか、敵を降参させるか、どっちにかしてみたいと思っている。敵というのは、僕の主義、僕の主張、僕の趣味からみて、世のためにならないものをいう。世の中は僕一人の手でどうもなりようはない。ないからして僕は討ち死にする覚悟である。討ち死にしても自分が天分を尽《つ》くして死んだという慰謝《いしゃ》があればそれで結構である。（一九〇六・一〇・二三）

――しかし今の僕は松山へ行ったときの僕ではない。僕は洋行から帰る時、船中で一人心に誓《ちか》った。どんな事があろうとも一〇年前の事実は繰り返すまい。私は私一人で行く所まで行って、行き尽いた所で斃《たお》れるのである。それでなくては真に生活の意味が分らない。手応《てごたえ》がない。何だか生きているのか死んでいるのか要領を得ない。（略）

天授《てんじゅ》の生命をあるだけ利用して自己の正義と思う所に一歩でも進まねば天意を無駄にするわけである。私はこのように決心してこのように行いつつある。（同）

漱石の精神が高揚している。どこか揺るがしがたい、不抜《ふばつ》の決意のようなものがうかがえる。松山へ脱出したようなことは繰り返さないという。この直後に三重吉に送った手紙にも、強い決意がみられる。

——われらの世に立つ所は、汚いもの、不愉快なもの、嫌なものでも一切避けぬ。否《いな》、進んでその内へ飛び込まなければ何にもできないということだ。ただきれいにうつくしく暮らす、即《すなわ》ち詩人的に暮らすということは、生活の意義の何分の一か知らぬが、やはりごくわずかな部分かと思う。で『草枕』のような主人公ではいけない。僕は一面において俳諧《はいかい》的文学に出入すると同時に、一面において死ぬか生きるか、命のやり取りをするような維新《いしん》の志士《しし》の如き烈《はげ》しい精神で文学をやってみたい。それでないと何だか困難を避けて安易を選ぶようないわゆる腰抜け文学者のような気がしてならん。(同・一〇・二六)

『草枕』は、主人公の青年画工が美しい芸術のことだけを考えながら山中の温泉を訪ねる小説だ。だがそれのみでは非現実的で、不満足だから、「維新の志士のような烈しい精神」で文学をやりたいという。

その「烈しい精神」は、明治社会を痛烈に批判する小説『二百十日』と『野分』に表現される。『野分』では、東京市電の運賃値上げ反対運動での逮捕者支援のため、主人公の一人が弁士《べんし》として演説会に立つ。名指しで三菱財閥《みつびしざいばつ》の岩崎《いわさき》らを舌鋒鋭《ぜっぽうするど》く弾劾《だんがい》する。東京市電の事件を、ほぼリアル・タイムで小説に書き込んでいる。

第5章 人生意気に感ず

——朝日新聞へ入社（1906～1910）

木曜会始まる

漱石《そうせき》の名声が高まるにつれ来訪客も増え、ゆっくりと構想をめぐらしたり執筆《しっぴつ》したりする時間も危うくなった。知人や友人が来れば、つい話は長くなる。そこで鈴木三重吉《すずきみえきち》の発案で、一九〇六（明治三九）年秋、「面会日は木曜日午後三時から」という赤い紙が玄関の格子戸《こうしど》に張り出された。近所の人は、この赤い紙を奇異に感じて、家の前を通った。木曜会といわれる。

教え子のひとりにあてた手紙からは、若い人たちを育てたいという情熱と期待が伝わってくる。

——明治の文学はこれからである。今までは眼も鼻もない時代である。これから若い人々が大学から輩出《はいしゅつ》して、明治の文学を大成するのである。大いに前途洋々《ぜんとようよう》たる時機である。僕も幸《さいわい》にこの愉快な時機に生まれたのだから、死ぬまで後進諸君のために道を切り開いて、多くの天才のために、大なる舞台の下ごしらえをして働きたい。（一九〇六・一〇・一〇）

第一回の木曜会が一〇月一一日に開かれた。やって来た門下生の反応を、森田草平《もりたそうへい》に手紙で知らせている。

——木曜日にはサボテン党の首領は鼓《つづみ》の稽古日《けいこび》だとかいって来なかった。のんきなものである。その代り中川のヨ太公。鈴木の三重吉。坂本の四方太、寺田の寒月《かんげつ》諸先生の上に東洋城《とうようじょう》という法学士が来た。この東洋城はむかし僕が松山で教えた生徒で、僕の家へ来ると先生の俳句はカラ駄目だ、時代遅れだと攻撃をする俳諧師《はいかいし》である。先日来て玄関に赤い紙を張り出すのは非常に不快な感がある。「僕のために遊びにくる日を別にこしらえて下さい」と駄々っ子《だだっこ》みたいなことを言うから、そんなことを言わないで木曜に来てご覧と言ったから、とうとう我を折って来た。また松茸飯《まったけめし》を食わせてやった。今日この東洋城と大森の方へ遠足をする。(同・一〇・二一)

サボテン党とは、『草枕』に描かれたような、俳諧趣味の世界に共感する仲間のことだ。したがって首領とは高浜虚子だ。先生の俳句は時代遅れだと批判する東洋城と、漱石は二人でしばしば出かけた。夏には柳橋《やなぎばし》からモーターボートに乗ったこともある。

ずっと後になるが、木曜会に集まる仲間で、漱石を引っ張り出して、八王子までハイキングに出かけたこともある。寺田寅彦のドイツ留学の送別会をかねたもので、城跡に登り、コスモスの咲く浅川の河原を散策した。

漱石に在学中の保証人になってもらった独文科学生の小宮豊隆《こみやとよたか》は、木曜会でも、つい引っ込みがち。少し元気づけようと漱石は手紙を送る。

——昨日は、客に接すること二三、四人ちょっと驚いた。しかし知った人があゝいう風に寄って、みんなが遠慮なく話をするのを聞いているほど愉快なことはない。僕は木曜日を集まる日と決めたのをいいことだと思う。

君は一人で黙っている。黙っていてもしゃべっても同じことだが、窮屈《きゅうくつ》に思っていてはつまらない。家に来る人たちはみんな恐ろしい人などではない。君の方で黙っているから口を利いてくれないのだ。二、三度顔を合わせればすぐに話ができる。

世の中に偉い人がむやみに多いと思うから、恥ずかしくなり、決まりが悪くなるのだ。自分の心に教養と気品があれば、下等なものなど眼下に見えるものだから、少しも気後れする必要など起こらないものさ。こんな気焔《きえん》をはくのも木曜会で君に話をさせようと思うからさ。また来るときには大いに話したまえ。(同・一一・九)

この年の暮も押し迫ったころ、仙台にいた家主の斎藤阿具《さいとうあぐ》が東京の一高に転任することとなり、千駄木《せんだぎ》の家を明け渡さなければならなくなった。なんとか大あわてで本郷西片町《ほんごうにしかたまち》に家を見つけ、ようやく転居が決まった。

引っ越しは年の瀬も押しつまった一二月二八日、門下生が大勢手伝いにやって来た。小宮はランプを持ち、皆川《みなかわ》は柱時計をかかえて、三重吉は猫を運ぶ役となった。菅《すが》まで応援に駆けつけた。三重吉は、猫を紙くずカゴの中に押し込み、風呂敷で包んで、抱えて運んだ。だが猫は暴《あば》れて鳴き騒ぎ、三重吉はとうとう小便を引っかけられて往生した。

西郷のような男

『草枕《くさまくら》』を読んでえらく感心した大阪朝日新聞の主筆《しゅひつ》・鳥居素川《とりいそせん》が、社主の村山龍平《むらやまりょうへい》の同意を得て、漱石を朝日に迎えようと図る。これを受けて、東京の朝日新聞がすぐに獲得に動き始め、主筆の池辺三山《いけべさんざん》らが直接乗り出した。

折衝《せっしょう》に当たったのは、五高以来の門下生、国文科学生の坂元雪鳥《さかもとせっちょう》だ。年明けの一九〇七（明治四〇）年二月下旬、雪鳥は漱石に手紙を送り、漱石に会って話をする。その結果、「交渉《こうしょう》有望」との感触を得て、雪鳥は喜び勇んで朝日の首脳部に報告した。

追って雪鳥に、漱石から入社条件をたずねる手紙が届いた。給与や恩給《おんきゅう》、仕事の条件などを細かく問い合わせている。

――小生、大学を好むものではないが、また隠居《いんきょ》のような教授生活を愛している。このため多少ためらいがある。ついでのときに以上の件を聞いておいてください。（略）大学を出て俗世に暮らす人となるのは、いままで誰もやったことがないので、ちょっとやってみたい。これも変人《へんじん》たるためかとも思う。（一九〇七・三・四）

雪鳥は、朝日からの返事を持って、漱石を再び訪問する。月給二〇〇円と夏冬の賞与、身分の保証、小説は年二回程度などとメモにして示した。このときの主筆池辺の月給は、一七〇円だからかなりの高額になる。漱石の朝日入社の意思はほぼ固まり、最終的には池辺に会って決めることにする。その池辺が三月一五日、機先を制して漱石の家を訪問した。

漱石が初めて池辺に会ってみると、身体の大きな男で、まるで大仏を座敷に招いたようだ。話しているうちに、どういうわけか西郷隆盛《さいごうたかもり》を連想する。

「勿論《もちろん》西郷隆盛に就《つい》て余は何の知る所もなかった。だから西郷から推して池辺を髣髴《ほうふつ》する訳《わけ》はないので、寧《むし》ろ池辺から推して西郷を想像したのである。西郷という人も大方こんな男だったのだろうと思ったのである」（漱石『池辺君の史論に就て』）

その西郷については、「少しくたたけば少しく響《ひび》き、大きくたたけば大きく響く」という坂本《さかもと》龍馬《りょうま》の言葉がよく知られる。勝海舟《かつかいしゅう》は、西郷の「その大胆識《だいたんしき》と大誠意」を褒《ほ》めている。胆識とは、実行力を伴う見識《けんしき》という意味だ。いずれも西郷を大人物と評価しているから、漱石の抱《いだ》いたイメージもそんなだったのだろう。

こうして漱石の朝日新聞への入社は決まる。ちょうどこのころ漱石は大学から英文学の専任教授にならないかと相談を受けていた。これは朝日新聞への入社が決まり断った。三月二五日、大学へ辞表を出した。

鏡子によると、近く子どもがもう一人生まれるし、どうにも家計のやりくりが苦しい。だから朝日からの誘いは「渡りに舟」だったという。

一高、東大の教え子、野上豊一郎《のがみとよいちろう》に手紙を送り、東京大学を去る決意を語っている。

――世間は博士とか教授をさもありがたいようにいっている。小生にも教授になれという。しかし偉くもない僕のようなものは、ほとんどその末席にさえ並ぶ資格がないだろうと思い、思い切って官職を退《しりぞ》いて世に出ることにした。生涯はただ運命を頼るしかなく、前途は惨《みじ》めなものだろう。それにもかかわらず、大学にしがみついて黄色に変色した講義ノートを繰り返すよりも、人間としては立派なものではないかと思う。小生、今後何をやるか何ができるかわからないが、ただやるだけやるのみだ。

最近、大学生の意気が妙に衰《おとろ》えて、世俗に流されるようにみえる。大学は、月給取り（サラリーマン）をこしらえて威張《いば》っているようだ。月給は必要だが、それ以外に何もなく、ただごろごろして、毎年大学の門を出て来るのが名誉《めいよ》なのか。彼らはそれで得意だ。

近ごろ小生は、ヘーゲルがベルリン大学で講義したときの情況を読んで大変感心した。彼の眼中にはただ真理あるのみ、聴講者もまた真理を求めて来た。月給をあてにし、権勢ある有力者から嫁をもらおうというような考えで聴講する者はいなかったようだ。大笑い。（一九〇七・三・

二三）

無気力な大学教授と学生たちへの痛烈《つうれつ》な批判だ。現代の大学にも見られるような光景ではないか。G・W・F・ヘーゲル（ドイツの哲学者、一七七〇―一八三一年）の講義は学生に大人気だったという。

朝日入社の辞《じ》

朝日新聞に入社する前、漱石は京都、大阪に二週間ほど旅行する。京都大学には文科大学長（文学部長）の狩野亨吉《かのうこうきち》がいて、菅虎雄《すがとらお》も三高教授で赴任《ふにん》して同居している。ついでに大阪朝日にも挨拶《あいさつ》に行こうというのだ。同じ野上への手紙に、その狩野にふれた興味深い行がある。

――京都には狩野という友人がいる。あれは学長だが、学長や教授や博士などよりも種類の違ったエライ人だ。あの人に会うために、わざわざ京へ行くのである。（同）

東大の数学科を卒業した狩野は、哲学科に編入して英文科の漱石と親しくなった。その後、五高教頭から一高校長に、三三歳の若さで抜擢《ばってき》された。学生自治を尊重する一高の校風をつくった名校長といわれる。江戸中期の思想家、安藤昌益《あんどうしょうえき》の研究で知られる。

京大に一九〇六年、新設された文科大学の初代学長となった。内藤湖南《ないとうこなん》（東洋史）、幸田露伴《こうだろはん》（国文学）、西田幾多郎《にしだきたろう》（哲学）、桑原隲蔵《くわばらじつぞう》（東洋史）ら、若くて優秀な人たちを教授に招き、文学部の基礎を築いた。そのため漱石を英文科に誘ったのだった。

学歴や序列などを無視した狩野の大胆な人事は少なからぬ波紋《はもん》も呼んだ。二年後には京大を去り、東京小石川の長屋に姉とひっそりと暮らして、「書画鑑定《かんてい》並びに著述業」の看板を掲げた。世俗に迎合しない、欲のない、漱石好みの偉い人である。

三月末に京都入りした漱石は、狩野と菅の出迎えを受け、下鴨《しもがも》神社境内にあった狩野の家に宿泊する。気のおけない親友三人は、神社仏閣などを巡り、比叡山《ひえいざん》に登り、保津川《ほづがわ》下りを楽しんだ。大阪では朝日新聞社の村山社主や鳥居らに会い、旅を終えて帰京した。

『朝日新聞』の五月三日付に、漱石の『入社の辞』が掲載された。

「大学を辞して朝日新聞に這入《はい》ったら逢《あ》う人が皆驚いた顔をして居る。中には何故《なにゆえ》だと聞くものがある。大決断だと褒《ほ》めるものがある。大学をやめて新聞屋になる事が左程《さほど》に不思議な現象とは思わなかった。余が新聞屋として成功するかせぬかは固《もと》より疑問である。成功せぬ事を予期して十余年の径路を一朝に転じたのを無謀《むぼう》だと云《い》って驚くなら尤《もっと》もである。かく申す本人すらその点に就《つい》ては驚いて居る。然《しか》しながら大学の様な栄誉ある位置を抛《なげう》って、新聞屋になったから驚くと云うならば、やめて貰《もら》いたい。（略）

新聞屋が商売ならば、大学屋も商売である。商売でなければ、教授や博士になりたがる必要はなかろう。月俸《げっぽう》を上げてもらう必要はなからう。勅任官《ちょくにんかん》になる必要はなからう。新聞が商売である如《ごと》く大学も商売である。新聞が下卑《げび》た商売であれば大学も下卑た商売である。只個人として営業しているのと、御上《おかみ》で御営業になるのとの差丈《だ》けである。（略）

大学で講義をするときは、いつでも犬が吠《ほ》えて不愉快であった。余の講義のまずかったのも半分はこの犬の為《た》めである。学力が足らないからだ抔《など》とは決して思わない。学生には御気の毒であるが、全く犬の所為《せい》だから、不平は其方《そっち》へ持って行って頂きたい。（略）

大学では講師として年俸八百円を頂戴していた。子供が多くて、家賃が高くて八百円では到底暮せない。仕方がないから他に二、三軒の学校を馳《かけ》あるいて、漸《ようや》くその日を送って居た。いかな漱石もこう奔命《ほんめい》につかれては神経衰弱になる。その上多少の述作はやらなければならない。酔興《すいきょう》に述作をするからだと云うなら云わせて置くが、近来の漱石は何か書かないと生きている気がしないのである。（略）

学校をやめてから、京都へ遊びに行った。その地で故旧と会して、野に山に寺に社《やしろ》に、いずれも教場よりは愉快であった。鶯《うぐいす》は身を逆《さかし》まにして初音《はつね》を張る。余は心を空にして四年来の塵《ちり》を肺の奥から吐き出した。是《これ》も新聞屋になつた御蔭《おかげ》である。

人生意気に感ずとか何とか云う。変り物の余を変わり物に適する様な境遇《きょうぐう》に置いてくれた朝日新聞の為に、変り物として出来得る限りを尽すは余の嬉しき義務である」(『東京朝日新聞』、一九〇七・五・三付)

大学で講義するときに、「いつも犬が吠えて不愉快だった」という。先の手紙にみたように、東大の文科大学長と大学当局のお役所的な態度への批判だ。犬が吠えるといえば、漱石の痛快な罵倒《ばとう》が思い浮かんでくる。

「ハイカラ野郎の、ペテン師の、イカサマ師の、猫被《ねこっかぶ》りの、香具師《やし》の、モモンガーの、岡《おか》っ引《ぴ》きの、わんわん鳴けば犬も同然な奴とでもいうがいい」(『坊っちゃん』)

「人生意気に感ず」は、唐《とう》の政治家、魏徴《ぎちょう》の詩『述懐《じゅっかい》』にある「人生意気に感ず、功名誰か復《ま》た論ぜんや」が出典である。人間は金銭や名誉のためではなく、自分を理解してくれる人の意気に感じて動くものだ。功名など誰が問題にするものかという意味だ。

変わり者の自分を変わり者に適するように対応してくれた朝日新聞のために、変わり者としてできる限りを尽くすという。

厠半《かわやなか》ばに

漱石が大学を辞めて朝日新聞社に入ったことに世間は驚き、大きな話題となった。漱石には、門下生たちに新聞紙面を確保し、活躍の場を提供したいという思いもあった。

朝日入社後の第一作となる連載小説『虞美人草《ぐびじんそう》』の予告も載《の》った。これに便乗して、日本橋三越《みつこし》は「虞美人草浴衣《ゆかた》」を、貴金属店では「虞美人草指輪《ゆびわ》」を売り出す。新聞社に入っての初の長編小説を書くのに、いつにも増してストレスもたまり、漱石の緊張は高まった。

時の西園寺公望《さいおんじきんもち》首相が、この年六月、神田駿河台《かんだするがだい》の邸宅に、小説家ら著名な文士を招いて宴を開いた。後に雨声会《うせいかい》と呼ばれたこの会には、森鷗外、幸田露伴《こうだろはん》、島崎藤村《しまざきとうそん》らが出席したが、漱石、坪内逍遙《つぼうちしょうよう》、二葉亭四迷《ふたばていしめい》の三人は欠席した。

このときの漱石の欠席通知のはがきには、「時鳥厠半《ほととぎすかわやなか》ばに出かねたり」との一句が添《そ》えられた。外ではホトトギスが鳴いているので、私はトイレの途中で出られませんという。世間の権力や権威などにおもねるのが大嫌いな漱石らしい。漱石流の反骨精神であり、ユーモアである。実際、『虞美人草』の執筆中のため多忙でもあった。

同じころに三重吉にあてた手紙からは、そのときの精神の異常な緊張ぶりがわかる。心の状態はかなり危うい。

——本日、『虞美人草』休業。癇癪が起ると妻君と下女の頭を正宗《まさむね》の名刀でスパリと斬《き》ってやりたい。しかし僕が切腹しなければならないからまず我慢《がまん》する。そうすると胃が悪くなって、便《べん》秘《ぴ》して不愉快でたまらない。僕の妻は何だか人間のような心持ちがしない。（一九〇七・六・二一）

あるものは人に貸す

鏡子は、漱石の性格について、「夏目は涙もろい質《たち》で、人の気の毒な話などにはすぐに同情してしまうほうでしたし、また頼まれれば欲得を離れて、かなり骨折って何かとめんどうを見る質の人でした」（前掲書）と言う。また親友の菅虎雄も、「同君はもとより江戸っ子で、頼まれるとどこまでも親切に世話をする風があった」と語っている。

何かと面倒見がいい漱石、「江戸っ子は宵越《よいご》しの銭は持たぬ」とばかり。夏目家の金銭感覚も鷹揚《おうよう》なもの。野間真綱は結婚費用が足りないので相談する。それへの漱石からの返事だ。

——君のことを心配したからといって感涙《かんるい》などを出すべからず。僕はむやみに感涙などを流すものを嫌う。感涙などは新聞屋が〇〇の徳を称賛《しょうさん》するときに用いる言語だ。

僕は君の世話がして上げたくても無能力だ。金は時々人が取りに来る。あるものは人に貸すが僕の家の通則である。遠慮《えんりょ》には及《およ》ばない。結婚の費用を皆川のような貧乏人に借りるのは不都合である。君は気が弱くていけない。いっしょに泣けば際限のない男である。ちとしっかりしなければ駄目だよ。（同・七・二三）

漱石、野暮《やぼ》を嫌う江戸っ子の粋《いき》なところをみせる。感涙などは、新聞記者が使う陳腐《ちんぷ》な言葉だ。慰《なぐさ》め、励《はげ》まし、金の面倒もみてくれる。頼《たよ》りがいのある先生だ。ある金は人に貸すのがわが家の流儀《りゅうぎ》だときっぷがよい。

この「○○」という文庫本（岩波書店）の伏せ字は、『漱石全集』（同、一九九六年）では「陛《へい》下《か》」となっている。これは昔の編集による皇室への慎重《しんちょう》な配慮《はいりょ》の痕跡《こんせき》だ。

実際、門下生たちも、漱石や鏡子夫人から、酒代や家賃、本代などの借金を重ねていた。中には金を借りて返さない不心得者もいたようだ。

親戚一族からも頼りにされている漱石。その親戚から、お盆だからと金を借りに来る。友人の虚子に愚痴をこぼしている。あちこちから頼られ、面倒見のいいのもつらい。

——小生から金を借りる者に限り金を返さないのを法則としているのかと思われ非常に残念なことだ。おれが金に困れば餓死《がし》するだけで、人が困るとおれが金を出すばかりなのかなあと長いため息をもらしている。（一九〇八・七・一）

家賃を払うための借金を頼んできた知人に、いま金がないと断る手紙もある。代わりに家主の撃退法を教えている。借金で首が回らなかった知人もさぞにっこりしたことだろう。

――せっかくだがいま貸して上げる金はない。家賃なんか構やしないから放っておきたまえ。僕の親類に不幸があって、それの葬式などの費用を少し出してやった。いま家には何にもない。僕の財布《さいふ》にあれば上げるが、それも空だ。

君の原稿を本屋が延ばすように、君も家賃を延ばしたまえ。ぐずぐず言ったら、入った時に上げるより仕方ありませんと取り合わずにおきたまえ。君が悪いのじゃないから、構わんじゃないか。財布を見たら一円あるから、これで酒でも飲んで家主を退治したまえ。(一九〇九・八・一)

鷗外の『夏目漱石論』に、面白い問答が載っている。

問い「貨殖《かしょく》に汲汲《きゅうきゅう》たりとは真乎《まことか》」、金もうけにあくせくしているというが、ほんとうでしょうか。

これに鷗外は、「漱石君の家を訪問したこともなく、又それに就《つい》て人の話を聞いたこともない。貨殖なんて云った処で、余り金持になっていそうには思われない」と、答えている。

あまり金持ちそうにないとの鷗外先生の言葉に、漱石も思わず苦笑したのではないか。当時、漱石が株や土地で金をもうけているといううわさがあったらしい。

漱石山房《そうせきさんぼう》

秋口に『虞美人草』を書き上げて一息ついたところへ、家主が家賃を三五円に値上げすると通告してきた。初めの二七円が、再三値上げされるのに腹を立てた漱石は、生家にほど近い早稲田南町七番地に家を見つけて、本郷西片町から引っ越すことにした。三五〇坪ほどの土地に古屋があった。

引っ越しは例によって、門下生が大勢寄ってきて手助けした。三重吉は、また猫を紙くずカゴに入れて、風呂敷《ふろしき》に包んで、脇《わき》に抱《かか》えて運んだ。だが今度も大小便を引っかけられて腹を立て、じだんだを踏んで悔《くや》しがった。

西片町の家にはその後、中国の作家・魯迅《ろじん》が弟らと入居する。五人で住んだので門灯に「伍《ご》舎《しゃ》」と書いた。その作品をほとんど読んでいたという漱石ファンの魯迅は大いに感激した。だが家賃が高くて、やはり魯迅も早々にこの家を出ることになる。

この早稲田南町の家は、転居を何度も繰り返してきた漱石の最後の住居となる。漱石山房《そうせきさんぼう》といわれ、板の間の一〇畳部屋に絨毯《じゅうたん》を敷《し》き書斎《しょさい》とし、多くの文人や門下生が出入りした。

早稲田に移っても、草平、豊隆、三重吉などはしょっちゅうやって来る。漱石がこの三人をとくにかわいがっていたわけではなく、むしろ甘え過ぎていたようだ。他の門下生に比べて、漱石の目には、この三人はあまりにも心もとなく見えたということだ。

木曜会はいつも多くの人でにぎわい、夜中の午前零時《れい》を過ぎても帰る気配は一向にない。漱石も若い人たちにつき合い、いつまでも話に花が咲いた。鏡子が追い立てて、ようやく重い腰を上げたという。

大人にまじって、夏目家の子どもたちもときに顔を出した。『猫』にも、とん子、すん子、めん子の三人の女の子が登場する。

『赤い鳥』の創刊者、鈴木三重吉は子煩悩《こぼんのう》で知られる。しかしそのころは大の子ども嫌《きら》いだったようだ。みんなが茶の間で車座になって酒を飲んでいると、子どもがわいわい騒がしいという。

長女の筆子は、そのときのでき事を回想している。

母の鏡子に、三重吉が、「しかし、子供達が、こううるさくては、かなわんですなあ。奥さん、こういう時には、いっそ、子供達を風呂敷に包んで、押し入れにつめ込んでおくと良いですなあ」と言った。それを聞いて大そう腹が立った筆子は、「鈴木さんの馬鹿！大嫌い！」などと散々毒づいた。そして母に怒られて、くやしかったが三重吉に手をついて謝らされた。

「そんな子供嫌いな鈴木さんが、後に『赤い鳥』という子供向きの立派なご本を出されたのですから、不思議な気が致します」（松岡筆子『夏目漱石の「猫」の娘』）
　ちょっと漱石譲りの皮肉を書き、筆子は一矢報《いっしむく》いている。

猫の死亡通知

　この年九月一三日、有名な猫が死んだ。漱石は翌日、門下生らに猫の死亡通知を送った。
《辱知猫《じょくちねこ》義《ぎ》久《ひさし》く病気の処療養不相叶《ところりょうようあいかなわず》昨夜いつの間にか裏の物置のヘッツイの上にて逝去致候《せいきょいたしそうろう》
埋葬《まいそう》の義は車屋をたのみ箱詰にて裏の庭先にて執行致候《しっこういたしそうろう》。但《ただし》主人『三四郎』執筆中につき御会葬には及び不申候《もうさずそうろう》　以上》（一九〇八・九・一四）

　はがきを黒枠でわざわざ囲み、「ご存じの猫は久しく病気のところ療養あいかなわず」と書いている。ヘッツイは竈《かまど》、多くは土や煉瓦《れんが》でつくられた。『三四郎』執筆中の漱石は、門下生がこれをだしにまた集まって来るのをけん制している。

　鏡子が白木の角材を見つけてきて何か書いてほしいと頼むと、漱石は表に「猫の墓」、裏に「この下に稲妻《いなづま》起《おこ》る宵《よい》あらん」と書いた。稲妻は猫の目のことだ。この墓標《ぼひょう》は、書斎裏の桜の木の下に立てられた。そして猫の命日には、鮭《さけ》の切り身と鰹節《かつおぶし》ご飯が墓前に供えられた。

ここには文鳥《ぶんちょう》が、犬のヘクトーが死んで埋められた。犬の墓標には、「秋風の聞こえぬ土に埋めてやりぬ」と書いた。ヘクトー（ヘクトル）は、ギリシャ神話『イリアス』に出てくる古代トロイの勇将だ。

夏目家では、その後も何代にもわたって猫を飼った。ただ「ねこ、ねこ」と呼ばれていた。三代目の子猫は、鏡子にじゃれついて、誤って踏みつぶされるという一大悲劇も起きている。

猫の一三回忌には九重の石の供養塔《くようとう》が建てられた。台石の正面には、画家の津田青楓《つだせいふう》が描いた猫と犬と文鳥が並んで彫られた。太平洋戦争末期の米軍による空襲で漱石山房が焼失したときに壊れたが、戦後一九五三年に再建された。供養塔「猫の墓」は、漱石山房記念館の庭にあり、現存するただひとつの遺構《いこう》である。

依頼心《いらいしん》を捨てよ

小宮豊隆は、「漱石に最も愛された弟子」といわれる。だが漱石の言葉を絶対とする向きがあり、「漱石神社の神主《かんぬし》」と皮肉られもした。その豊隆に、あまり人を頼るな、独立心をもてと諭《さと》す。何でも漱石を頼り過ぎる門下生へ、依頼心《いらいしん》を捨てよとの忠告だ。

――あまり僕を頼らないで、自分の考えを自分で書いて、漱石が一体何だと思えばいい。『早稲田文学』のある者の書いたものは驚くほど愚《おろ》かだ。（略）ああならない君は幸福だが、すべて僕に見せてからだなどと考えるのは独立心がない。これでよいと自分で考えて、自分で決めるような分別《ふんべつ》をほしいものだ。（一九〇八・一二・二一）

森田草平は、女学校教師の平塚明子《ひらつかはるこ》（らいてう）と栃木県塩原《しおばら》へ駆け落ちし、心中未遂事件を起こした。警察に保護され、漱石が草平を一時自宅にかくまってやった。草平ほど漱石から叱《しか》られた門下生はいないといわれる。世話がやけ、頼りないところがあった。

草平はこの事件を小説『煤煙《ばいえん》』に書き、漱石の後押しで『朝日新聞』に掲載された。好評だったため、草平はまた得意になる。

酒好きの三重吉は酔って災難に会った。漱石は見舞い状を送る。

――君が酔っ払いになぐられて目にケガをしたと聞き、大変に気の毒に思っている。しっかりと治療するのがいいと思う。好男子惜しいことには遠近がわからないというのでは大変心細いものだ。草平は、盛んに意気を上げて得意になっている。君も何かわが党のために書いてください。

（一九〇九・三・三一）

二葉亭四迷《ふたばていしめい》、本名・長谷川辰之助《はせがわたつのすけ》は、朝日の特派員として、ロシアの首都サンクトペテルブルグに赴任《ふにん》していた。二葉亭は、小説『浮雲《うきぐも》』などを発表し、近代口語体の文体を完成させた。特派員に出る前に、大阪朝日の主筆の鳥居素川《とりいそせん》が上京し、漱石をまじえた三人で、鰻屋《うなぎや》「神田川」で送別の宴をもった。

だが一年後の一九〇九年五月、帰国途中のベンガル湾洋上の船中で急死した。西片町のときにはすぐ近所同士で、風呂屋で出会い、素っ裸で話し込んだこともあった。漱石は日記に、「二葉亭印度洋上《いんどようじょう》ニテ死去。気の毒なり。遺族はどうする事だろうと思う」(同・五・一五)と書いている。

森鷗外が小説『ヰタ《ウィ》・セクスアリス』を文芸誌『スバル』創刊号(一九〇九年七月号)に発表すると、「風紀《ふうき》を害する」という理由で発売が禁止された。陸軍軍医総監の著作をも発禁処分にするほどの厳しい言論統制をみせ、明治末期の政府は強権的な姿勢を加速させていく。鷗外の作品は、とても「風紀を害する」ような内容ではなく、主人公の哲学者が自分の性的体験を考察する話に過ぎない。

この小説中には、「そのうちに夏目金之助君が小説を書き出した。金井君は非常な興味を以て読んだ。そして技癢《ぎよう》を感じた」とある。主人公をかりて、鷗外は自分の思いを明らかにしている。「技癢」とは、自分の技量、腕前を示したくてむずむずするという意味だ。

鷗外は漱石の小説を読んで、自分も小説を書きたくなった。漱石の『三四郎』は出版されると、初版二千部が即日完売となるほどの人気だった。この『三四郎』を読んで、「技癢」を感じた鷗外は『青年』（一九一〇年）を書いた。

満洲《まんしゅう》・韓国へ

ロンドンで出会ったきりだった中村是公《なかむらよしこと》（通称・是公《ぜこう》）が一九〇九（明治四二）年の夏、突然訪ねて来た。大学予備門以来の親友である是公は、南満洲鉄道（満鉄）総裁《そうさい》に就《つ》いていた。満鉄は、日露戦争の勝利で日本が獲得《かくとく》した東清《とうしん》鉄道の支線をもとに、一九〇六年に設立された国策会社だ。鉄道のほか、製鉄、汽船、電業、ホテル、映画など独占的な巨大企業グループを築いていた。

訪ねてきた是公に、漱石が「南満洲鉄道って一体何をするんだい」と聞いた。あきれた顔の是公から、「お前もよほど馬鹿だなあ。どうだ今度いっしょに連れてってやろうか」「まあ海外における日本人がどんな事をしているか、ちっと見てくるがいい。お前みたいに何にも知らないで高慢な顔をしていられては、はたが迷惑するから」と言われる。

このころ「俺とお前」で腹蔵《ふくぞう》なくつき合える相手は、漱石には予備門以来の親友、是公くらいしかいなかった。

その是公は、学生時代を振り返り、漱石について、「その頃から正しい事一点張りで理に合わぬ事は少しも受付けないと云う性質で友人からも尊敬されていた。（略）意地張りで、親切で、義理堅くて、手軽に約束をしない代りには一旦引受けたらば間違えぬという美点もあった」と、評している。

朝日新聞に漱石が入ったと知って、是公は、「一体貴様は新聞社員だって、何か書いているのか」と聞いたという。他人からの借金など嫌う潔癖《けっぺき》な漱石が、是公からは返す気もなく平気で金を借りた。親友の間には、他人がましい義理立てはない。

法科出の是公と漱石では、性格や趣味もまったくかけ離れている。その名声や才能を慕ってくる人たちとは異なり、互《たが》いに許し合える真の友人なのだ。是公や狩野は、漱石の小説を読んだことも、もらったこともなかったという。

その是公の話がほんとうに実現して、この年九月に旅行することになった。だが『それから』を書き終え急性胃カタルに襲《おそ》われて、八月下旬から一週間ほど水以外のどを通らなかった。そのため是公よりも少し遅れて出発した。

この満洲（中国東北部）と韓国《かんこく》（朝鮮《ちょうせん》）の巡遊は、後に紀行文『満韓ところどころ』とし『朝日新聞』に五一回（未完）にわたり連載される。ほとんどが満洲の紀行文で、韓国の旅行は書かれていない。

鉄嶺丸《てつれいまる》に乗り九月二日に大阪港を出発し、各地を巡《めぐ》り、翌一〇月一四日に下関《しものせき》に帰り、大阪と京都に寄って帰京する。約一月半におよぶ長旅だ。この旅行中に、たびたび胃の具合が悪くなって寝込んだが、この強行軍が持病の胃潰瘍《いかいよう》を悪化させることになる。

旅程は、大連《だいれん》、旅順《りょじゅん》、奉天《ほうてん》（現・瀋陽《しんよう》）、撫順《ぶじゅん》、ハルビン、長春《ちょうしゅん》などを見て、鴨緑江《おうりょっこう》を渡り平壌《へいじょう》（現・ピョンヤン）、京城《けいじょう》（現・ソウル）などを経て帰国した。

成立学舎からの親友、橋本左五郎《はしもとさごろう》（東北大教授）といっしょになり、大連の満鉄本社、造船所や工場、日露戦争の旅順戦場跡などを見学した。各地にいる昔の友人や縁者らに会い、講演をした。京城では、景福宮《キョンボックン》、光化門《クァンファムン》、昌徳宮《チャンドックン》など王宮を見て回る。日清戦争直後、日本公使らによって殺害された朝鮮李王朝《りおうちょう》皇后、閔妃《ミンビ》の墓も訪れている。

繻子《しゅす》の靴《くつ》

筆まめな漱石は、旅行中も、家族や門下生に絵はがきを出すのを欠かさない。鏡子夫人へは、鏡子や子どもを気づかい、見物や講演などに忙しい旅行をこぼしている。多忙のうえに胃の具合もよくない。

――お前も無事。子どもも丈夫のことと思う。こちらも別状はなし。毎日見物やら、人が来るのではほとんど落ち着いていられない。昨夕は講演を頼まれ、今夜も演説をしなければならない。中村のおかげでいろいろな便宜《べんぎ》を得た。西村へよろしく。その他の人にもよろしく
（裏に）これは総裁中村是公の家、旅順の戦場を見て二泊昨日帰り。明一四日北の方へ向け出発の予定。その後胃が時々痛い。この地は非常に晴れ具合の奇麗《きれい》な所。（一九〇九・九・一四、満洲大連ホテルより）

遼東《りょうとう》半島の西南端に位置する旅順港は、ロシア艦隊の重要な根拠地だった。旅順を守るロシア軍の難攻不落の要塞を日本軍が攻略し陥落《かんらく》させた旅順攻囲戦《こういせん》は、半年近くにおよぶ大激戦となった。この作戦を担当したのが司令官の乃木希典《のぎまれすけ》大将率いる第三軍である。日本軍約六万人、ロシア軍四万六千人という多くの死傷者を出した。

日露戦争全体では、日清戦争の約一〇倍、両軍合わせて十数万人が戦死している。だが漱石は、この戦争を、こうした統計の数字ではなく、顔をもった生身の個人から見つめている。

旅順の攻囲戦を戦った中尉の案内で、戦場跡を回り、戦利品陳列所《ちんれつしょ》を見学した。大砲や手りゅう弾《だん》などはもう忘れたが、たったひとつだけ覚えているものがある。それは女のはいていた繻《しゅ》子《す》

の靴の片足だという。

戦後、訪ねて来たロシア軍下士官が、この靴を一目見て非常に驚いた。「妻のはいていた靴だ」と中尉に言った。

「この一足の靴丈《だけ》は色と云《い》い、形と云い、何時《いつ》なん時《どき》でも意志の起こり次第鮮やかに思い浮かべることが出来る。（略）この小さな白い華奢《きゃしゃ》な靴の所有者は、戦争の際に死んで仕舞ったのか、又はいまだに生存しているものか、その点はつい聞き洩《も》らした」（『満韓ところどころ』）

野村伝四へは朝鮮の風景を書いている。簡素で美しい松や山は漱石好みである。ちょっとのんびりした雰囲気だ。日記にも、「風雅《ふうが》なる朝鮮人、冠《かんむり》を着けて手を引いてその下を通る」と、朝鮮人へのあたたかい眼差《まなざ》しもある。

――君が鹿児島から帰る前に僕は満洲に旅行した。今、京城に来て朝鮮人を毎日見ている。京城は山があって松があって好い所だ。日本人が多いので内地にいると同様である。（同・一〇・九、朝鮮京城旭町より）

韓国併合《へいごう》

『満韓ところどころ』には、現在からみると、中国人「チャン」とロシア人「露助《ろすけ》」などの蔑《べっ》称《しょう》、「汚らしい支那人《しなじん》のクーリー（労働者）」などの差別的な表現がある。また満洲の地元紙『満洲日日新聞』（一九〇九・一一・六付）に発表した随筆『韓満所感《かんまんしょかん》（下）』では、「余は支那人や朝鮮人に生まれなくって、まあ善《よ》かったと思った」などと書いている。

これらの記述から、漱石には民族差別的な意識があったとして、そのアジア観に疑念を抱く見方もある。満鉄、旧友の是公による招待旅行がそもそも宣伝だともいえよう。

だが帰国直後、『朝日新聞』（同・一〇・一八付）に掲載された『満韓の文明』には、「支那人や朝鮮人を見ると甚《はなは》だ気の毒になります。幸いにして日本人に生まれていて仕合せだと思いました」と書いている。ここには中国人・朝鮮人への同情がある。『韓満所感』の「まあ」も微妙な言い回しだ。先のロンドン日記には、中国と中国人への深い理解があった。

また日露戦争の開戦直後には、『従軍行』と題した兵士を鼓舞《こぶ》する詩を『帝国文学』に発表したこともある。漱石にあった、西欧に対する日本人としての素朴な民族意識が表れたものではないだろうか。

歴史をみるときに、後世の人がその当時を批判するのはたやすい。漱石も時代の子である。その時代の空気から逃れることはできない。しかしその一部分だけをみて全体を批判するのは、ともすれば性急な、一面的な見方に陥《おちい》りやすい。真理は全体にある。

日本、清、ロシアは、一九世紀半ばから、朝鮮の支配権をめぐり激しく争ってきた。日清戦争後の下関条約により清への従属から離脱した朝鮮は、大韓帝国と国名を変更した。だが日露戦争中からの三次にわたる日韓協約により、韓国は日本の保護国にされた。

漱石が満洲・韓国旅行から帰った直後の一〇月二六日、朝鮮人民族運動家の安重根《アンジュングン》によって、伊藤博文《いとうひろぶみ》がハルビン駅頭で暗殺された。そして翌年一九一〇（明治四三）年八月二九日、大日本帝国に併合《へいごう》（韓国併合）され、韓国は滅亡した。

同じ朝日新聞社で校正係をし漱石とも親交のあった石川啄木《いしかわたくぼく》は、「地図の上朝鮮国に黒々と墨をぬりつつ秋風を聴く」と詠《よ》み、韓国併合を厳しく批判した。

三五年間におよぶ大日本帝国の植民地支配を受けた朝鮮が独立するのは、アジア・太平洋戦争が終わるのを待たなければならない。

伊藤狙撃《そげき》事件

ドイツ留学中の寺田寅彦にあてた長い手紙からは、伊藤狙撃事件への漱石の大変な驚きようがわかる。伊藤は、この年六月まで三年半の間、韓国の初代統監として事実上朝鮮の支配者だった。

——帰るとすぐに伊藤が死ぬ。伊藤は僕と同じ船で大連へ行って、僕と同じ所を歩いてハルビ

ンで殺された。僕が降りて踏んだプラットフォームだから意外の偶然である。僕も狙撃でもされれば、胃病でうんうん言うよりも、花が咲いたかも知れない。(略)

僕は新聞で頼まれて『満韓ところどころ』というものを書いているが、どうもその日の記事が混み合うと後回しにされる。癪《しゃく》に障《さわ》るからよそうと思うと、どうぞ書いてくれという。だから未だにだらだらと出している。

さらにこの二十五日からは文芸欄というものを設けて、小説以外に一欄か一欄半ずつ文芸上の批評やら、六号活字で埋めている。君なぞが海外から何か書いてくれれば甚だ光彩を添えるわけだが、僕は手紙を出さない不義理があるからズウズウしいお頼みもできかねる。もっとも文芸欄の性質は文学、美術、音楽、何でもよし。ハイカラな雑報《ざっぽう》風なものでも、純正な批評でもいいとして、なるべく多方面にわたって、変化を求めている。

近頃はモミアゲに白髪が大分生えてお爺さんになった。昔し教えたお弟子が立派になるから恐縮だ。松根は式部官《しきぶかん》になった。森田は文芸欄の下働きをしている。社員にしようと思ったら社長があいう人はいけないと言うんだから弱った。(略)

僕は今度、『それから』という小説を書いた。来年の正月に春陽堂《しゅんようどう》から出るから送って上げる。ドイツでハイカラな写真を撮ったらよこし給え。今日は好い天気だ。縁側でこれを書いている。

山茶花《さざんか》が咲いている。もう何も書く事がなくなったようだからやめる。（一九〇九・一一・二八）

日当たりのよい縁側で手紙を書いて、老境に入ったような気持ちを述べている。縁側に寝そべり、背中に猫をのせて、よく本や新聞を読んだ。

伊藤博文については、この年の日記に興味深い記述がある。皇室の裏話もあり、宮内省《くないしょう》の式部官《しきぶかん》（宮中の儀典《ぎてん》や祭礼などを担当）になった東洋城からの内密の情報かもしれない

「六月一七日（木）伊藤その他の元老《げんろう》はむやみに宮内省から金をとる由。十万円、五万円。なくなると寄こせといってくる由。人を馬鹿にしている」

漱石が旧幕臣につながる家系だからだろうか、どうも薩摩《さつま》・長州出身の伊藤ら元老に好い印象をもたないようだ。

ゆるゆる書いて

学習院、東大出身の武者小路実篤《むしゃのこうじさねあつ》、志賀直哉《しがなおや》らの若手が中心となり、一九一〇（明治四三）年春に文芸誌『白樺《しらかば》』を創刊した。自然主義に代わる人道主義、理想主義などを掲げ、白樺派をつくった。武者小路が漱石に創刊号を寄贈したのに、漱石は武者小路にあてお礼のはがきを送る。

――『白樺』一号拝受しました。巻頭の『それから』の批評は、まだ熟読はしていないが、ち

ょっと眼を通しました。拙作《せっさく》に対してあれほどのご注意下さったのみならず、多くのページを割いて下さったことを心に感じて忘れません。深くご厚意に感謝します。ご批評の内容はまだ熟読をしていないので何とも申し上げられないが、ところどころ的を射ていることも多いように思います。中でも『それから』が運河《うんが》だというのは、恐らく最高に上手な譬《たと》えではないかと思います。

（一九一〇・三・三〇）

『それから』は、若い男女三人をめぐる愛をテーマに描いている。その武者小路の批評には、「しかし何処《どこ》かつくられた感じがする、之《これ》を譬《たと》えるのに自分は運河を持って来たい。運河も自然の法則に従っている。しかし人間の作ったものだ」などとある。

武者小路は、この漱石からのはがきを、志賀直哉に電話で伝えた。漱石を敬愛していた志賀は、「それはよかった。それはよかったね」と夢中で叫んだという。

この直前三月二日、桃の節句《せっく》の前夜、お雛《ひな》さまを飾る宵雛《よいびな》に、門下生何人かが夏目家に集まった。雛壇の前でみんなが白酒を飲んでいるときに、末子の女の子が生まれた。草平が名づけ親になって、桃の節句にちなみ雛子と名づけられた。ベルリン留学中の寅彦にまた手紙を送る。

——二日の夜明けにまたお産があって大混雑。また女が生まれた。僕はこれで子どもが七人二男五女の父となったのは情ない。鬢《びん》のところに白髪が大分生えた。また小説を書き出した。三月一日から、東京と大阪の新聞へ出る。題は門《もん》というので、森田と小宮がいい加減につけてくれたが、一向に門らしくなくって困っている。小宮も森田も、中々有名になった。(同・三・四)

この前日から、小説『門』の連載が始まっていた。『三四郎』『それから』に続く、前期三部作の三作目である。

漱石は、門下生の岡田《おかだ》(林原《はやしばら》)耕三《こうぞう》にあてた手紙で、「小説執筆中にて多忙今度はゆるゆる書いて居候《おりそうろう》」と書いている。仏文科から英文科に転科する岡田は、漱石に気に入られて、著作の校正を手がけるようになった。

これまで漱石は、小説を気分に任せて、書けるだけを一気に書いてしまうのが習慣だった。ところが今回は、ゆるゆるというように、一日に一回分しか書いていない。それだけ健康を損ねていた。

三重吉あての手紙にも、「小生は胃の加減悪く、気に任せて長く筆を執《と》ると疲労する故、大抵毎日一回位で誤魔化《ごまか》している」とある。皆川正禧にあてた手紙では入院をほのめかす。すっかり弱気になっている。

――『門』ご愛読くだされているようでありがとう。近頃、身体の具合が悪く書くのが大儀にて困ります。早く片付けて休養したい。今度はあるいは胃腸病院にでも入って十分治療しようと

思う。四〇を越すと元気がなくなります。（同・五・一一）

いっしょに満洲を旅行した橋本左五郎《はしもとさごろう》と漱石は、一六、一七歳のころ、小石川《こいしかわ》のお寺の二階を借り自炊《じすい》して、大学予備門の受験勉強をしていた。毎晩、寺の門前に汁粉屋《しるこや》が来て、団扇《うちわ》をはたいた。

漱石は、「そのばたばた云《い》う音を聞くと、どうしても汁粉を食わずにはいられなかった。従って、余はこの汁粉屋の爺《おやじ》の為に盲腸炎《もうちょうえん》にされたと同然である」（『満韓ところどころ』）といっている。つまり毎晩、汁粉を食べ続けた。

そして受験には合格したが、入学した途端に盲腸炎になった。その後、予備門から大学でも、時々暴食し、ずっと胃痛に悩まされている。

よく牛肉を食べ、酒は飲まないが、甘いものがことのほか好き。ようかんや餅菓子《もちがし》もよく食べた。『猫』では、苦沙弥《くしゃみ》先生は、子どもといっしょになって、ジャムの缶詰を八つもなめている。

虚子の勧めで、この三年ほど前から、宝生流《ほうしょうりゅう》の家元・宝生新《あらた》について謡曲《ようきょく》（謡《うたい》）を始めた。だが運動は時々散歩に出かけるくらい。書斎《しょさい》にずっと座って執筆を続ける毎日だ。胃酸過多《いさんかた》となり、胃を痛め、しばしば苦しむようになった。

『門』を書き上げて、内幸町《うちさいわいちょう》の長与《ながよ》胃腸病院で診察を受けた。その結果、胃潰瘍《いかいよう》と診断され、漱石はついに六月半ばに入院することになる。

第6章 漱石山房の日々

——明治から大正へ（1910～1914）

三〇分間の死

長与《ながよ》胃腸病院への入院は、一九一〇（明治四三）年六月半ばから一ヶ月半ほど続いた。七月下旬には、近くの日比谷公園を散歩できるほどまで回復した。退院したのは七月末である。漱石の患った胃潰瘍《いかいよう》は、現在では医療技術も進みそれほどではないが、明治のころには深刻な病気だった。いったんは自宅にもどったが、またすぐに伊豆の修善寺《しゅぜんじ》へ転地療養に出かける。

式部官《しきぶかん》の松根東洋城《まつねとうようじょう》からの、北白川宮《きたしらかわのみや》のお供で伊豆の修善寺へ出かけるから療養に来られてはという誘いに応じたものだ。八月六日に東京を出て修善寺の菊屋旅館に逗留した。すぐに胃の具合が悪くなり、三日目からは床に伏すようになった。

地元の医者に診てもらったが思わしくなく、心配になった東洋城が鏡子《きょうこ》夫人と朝日新聞社に連絡をとる。朝日からは坂元雪鳥《さかもとせっちょう》、長与胃腸病院から森成麟造《もりなりりんぞう》医師が来て、鏡子も急いで駆けつけた。

漱石は吐血《とけつ》を繰り返し、森成医師は絶対安静を言いわたして治療にあたった。八月二四日には、胃腸病院の杉本東造《すぎもととうぞう》副院長が来て診察した。同夜になって、五〇〇グラムほど吐血をし、漱石は昏睡《こんすい》状態に陥る。カンフル剤一五本を注射、ほかにも食塩注射などを一晩中して、ようやく息を吹き返した。三〇分間、漱石は仮死《かし》状態にあった。一進一退、明日までもちこたえるかどうかわからない危篤《きとく》だった。

真っ青になった漱石は、眼を開いて瞳孔《どうこう》の拡大したまま。毛髪も髭《ひげ》も黒々としたなかに、生々しい鮮血がドクドクと流れた。飛び散った血は、漱石を抱きかかえる鏡子の浴衣を真っ赤に染め、さらに肩を越して一メートルも飛んだ。驚いた雪鳥は、漱石危篤の至急電報を関係者にあわてて打った。

翌二五日からは、見舞いの人たちが修善寺へ急行して来た。筆子《ふでこ》、恒子《つねこ》、栄子《えいこ》の三人の子どもたちや兄の夏目直矩《なおただ》をはじめ、大塚保治《おおつかやすじ》、菅虎雄《すがとらお》、高浜虚子《たかはまきょし》らの友人、それに小宮豊隆《こみやとよたか》、森田草平《へい》、鈴木三重吉《すずきみえきち》ら門下生も駆けつけてきた。

このときのことを、漱石は後にこう記している。

「『安心して療養せよ』という電報が満洲から、血を吐いた翌日に来た。思いがけない知己《ちき》や朋友が代わる代わる枕元に来た。あるものは鹿児島から来た。あるものは山形から来た。またあるものは眼の前に逼《せま》る結婚を延期して来た。余はこれらの人に、どうして来たと聞いた。彼らは皆新聞で余の病気を知って来たといった。仰向けに寝た余は、天井を見詰めながら、世の人は皆自分より親切なものだと思った。住みにくいとのみ観じた世界に忽《たちま》ち暖かな風が吹いた」(『思い出す事など』）

赤子の心

床に仰向けに寝たまま、漱石は命をつなぎ、徐々に回復していく。その間、鏡子が代わって日記帳にメモをつけた。順調に回復して、九月八日には、ようやく自分で日記を書けるまでになった。日記帳には、英語まじりの感想、俳句や漢詩を書きつけた。

その八日の日記には俳句が書かれている。東洋城との別れを詠んだ「別るるや夢一筋の天の川」、澄み渡る秋の空、広い江、遠くに聞こえる打ち込む杭《くい》の響きなどが頭をよぎったという「秋の江に打ち込む杭の響きかな」などだ。

「余は黙ってこの空を見詰めるのを日課のようにした。何事もない、また何物もないこの大空は、その静かな影を傾けて悉《ことごと》く余の心に映じた。そうして余の心にも何事もなかった、また何物もなかった。透明な二つのものがぴたりと合った。合って自分に残るのは、縹渺《ひょうびょう》とでも形容して可《よ》い気分であった」（同）

「縹渺」は、はるかなさま、はっきりわからないさまを意味する。

日記はこう続く。

「九月十六日（金）重湯《おもゆ》・葛湯《くずゆ》・水飴《みずあめ》の力を借りて仰臥《ぎょうが》、静かに衰弱の回復を待つはまだるこき退屈なり。併せて長閑《のどか》なる美《うる》わしき心なり。年四十にして始めて赤子の心を得たり。この丹精《たんせい》を敢《あ》えてする諸人に謝す。（略）漸く日に半片のビスケットを許さるるに過ぎず」

真心をこめて看病してくれた人びとに、穏やかな感謝のきもちに浸る。

「九月二十六日（月）朝夕余の周囲に奉侍《ほうたい》して凡《すべ》て世話と親切を尽す社会の人、知人朋友もしくは余を雇う人のインダルジェンス。――これらは悉《ことごと》く一朝の夢と消え去りて、残るものは鉄の如き堅き世界と、磨《みが》き澄まさねばならぬ意志と、戦わねばならぬ社会だけならん。余は一日も今日の幸福を棄《す》てるを欲せず」

周囲の人たちのインダルジェンズ（寛大さ）への感謝の気もちの一方、これから立ち向かっていかなければならない冷酷な現実社会との戦いに思いをめぐらす。

翌月一〇月八日には、「顔に漸く血の色が出て来た」と記す。こうして漱石は約二か月ぶり、一〇月一一日に東京に帰ることになった。ソリのように作られた担架《たんか》に乗せられ、静かに運ばれた。菊屋の座敷から馬車に移され、馬車から汽車に運ばれ、汽車から担架に担がれたまま、また長与胃腸病院にもどった。

『思い出す事など』

早速、『思い出す事など』を病床で執筆し始め、身体を気づかう主筆の池辺に注意される。それでも書き続けて、断続的に翌年四月まで三三回の新聞連載となった。

「強《し》いて寝返りを右に打とうとした余と、枕元の新聞金盥《かなだらい》に鮮血を認めた余とは、一分の隙《すき》もなく連続しているとのみ信じていた。その間には一本の髪毛《かみげ》を挟む余地のないまでに、自覚が働いて来たとのみ心得ていた。ほど経《へ》て妻から、そうじゃありません、あの時三十分ばかりは死んでいらしったのですと聞いた折は全く驚いた。子供のとき悪戯《いたずら》をして気絶をした事は二、三度あるから、それから推測して、死とは大方こんなものだろう位にはかねて想像していたが、半時間の長き間、その経験を繰返しながら、少しも気が付かずに一か月あまりを当然の如くに過したかと思うと、甚《はなは》だ不思議な心持《こころもち》がする」(同)

自分には連続した記憶しかなく、三〇分間の死は存在しなかったと同じだ。だが妻の説明を聞いて、死とはそれほどはかないものかと思った。生と死は連続している。晩年の漱石の死生観につながっていく。

身体が回復するにつれて、小宮らに任せた朝日の文芸欄のことなど、煩《わずら》わしい話が耳に入ってくるようになる。鏡子から、病院への支払いや医師への謝礼などについて相談がある。入院中、鏡子へあてた、少しいら立った手紙だ。

——世の中は煩《わずら》わしい事ばかりである。ちょっと首を出してもすぐまた首を縮めたくなる。おれは金がないから、病気が治りさえすれば嫌でも応でも煩わしい中にこせついて、神経を傷《いた》めたり胃を傷めたりしなければならない。しばらく休息のできるのは病気中である。その病気中にいらいらするほど嫌なことはない。おれにとってありがたい大切な病気だ。どうか楽にさせてくれ。

（一九一〇・一〇・三一）

また同じ日の日記には、「今の余は人の声よりも禽《とり》の声を好む。女の顔よりも空の色を好む。客よりも花を好む。談笑よりも黙想を好む。遊戯よりも読書を好む。願う所は閑適《かんてき》にあり。厭《いと》うものは塵事《じんじ》なり」と記している。

静かに心を安んじる閑適《かんてき》を願い、世間の煩《わずら》わしい塵事を嫌悪《けんお》する。その心はすっかり俗世間を離れ、静かな安らかな世界に入ろうとしている。

この入院中、親友の大塚保治《やすじ》の妻、あの大塚楠緒子《くすおこ》が急死した。三五歳の若さだった。若き日、漱石がひそかに恋した女性ともいわれた。病床で手向けの句をつくった。

「あるほどの菊投げ入れよ棺《かん》の中」

早くよくおなり

そのまま漱石は長与胃腸病院で年を越す。一九一一（明治四四）年元日、一片の小さな餅《もち》が入った一椀の雑煮で、新年を祝った。やがて立春も過ぎ、体力も回復し、入院生活にも飽きてきた。漱石は謡《うたい》をやろうとする。だが腹に力が入るからだめだと、鏡子に強く止められた。鏡子に謡の本を持ってくるように催促《さいそく》する。だが鏡子も心身ともに疲労がたまり体調をくずして寝込んでしまった。妻を気づかう、やさしい見舞いの手紙を送る。

《眼がまわって倒れるなどは危険だ。よく養生をしなくてはいけない。全体何病なのか。具合が少しよくなったら、よくなったと郵便で知らせてくれ。御前が病気だと不愉快でいけない。あまり天狗《てんぐ》などの云う事ばかり信用しないがいい。（略）あったかになると病院が急にいやになった。早く帰りたい。帰っても御前が病気じゃつまらない。早くよく御なり。御見舞に行って上げようか。

子供へ皆々へよろしく。

》（一九一一・二・二）

やがて鏡子の体調も回復した。どうしても謡をやりたい漱石は、一策を講じる。鏡子に傑作《けっさく》な手紙を書き送った。

《拝啓。本日回診の時病院長平山金蔵《ひらやまきんぞう》先生と左の通り談話仕《つかまつり》候《そうろう》間《あいだ》、御参考のため御報知申上候。

旦那様「もう腹で呼吸《いき》をしても差支《さしつかえ》ないでしょうか」

病院長「もう差支ありません」

旦「では少し位声を出して、――たとえば謡などを謡っても危険はありますまいか」

病院長「もういいでしょう。少し習《な》らして御覧なさい」

旦「毎日三十分とか一時間位ずつ遣《や》つても危険はないですね」

病院長「ないと思います。もし危険があるとすれば、謡位已《や》めていたってやはり危険は来るのですから、癒《なお》る以上はその位の事は遣っても構わないといわなければなりません」

旦「そうですか。ありがとう」

右談話の正確なる事は看護婦町井いし子嬢の堅く保証するところに候。して見ると、むやみに天狗と森成大家ばかりを信用されては、亭主ほど可哀想《かわいそう》なものはまたとあるまじき悲運に陥る次第、何卒この手紙届き次第御改心の上、万事夫《おっと》に都合よきよう御取計《おとりはからい》被下《くだされ》たく候。敬具。

二月十日午後四時　町井いし子立会《たちあい》の上にて認《したた》む

夏目金之助

奥様へ

≫（一九一一・二・一〇）

病院長に謡をやっても大丈夫かと漱石がたずねたのに許しが出た。それに立ち会った看護婦が保証するという。鏡子は普段から占い師、通称「天狗」を信じていた。森成大家というのは修善寺で世話になった森成医師だ。どうかこの手紙が届き次第考え直して、夫に都合いいようにしてください。

「この冗談まじりの心からほほえましくなるような手紙をよこすなどということは、以前にはまずありそうにないと言っていいことでした」と、漱石の心境の変化を鏡子は指摘している。そして根負けして、とうとう謡本を病院にもっていった。

謡曲は、熊本時代にも少しやっていたが、早稲田の家に移ったころから本格的に習い始めていた。だが寺田寅彦《てらだとらひこ》から「先生の謡は、やはり聞きしにまさるカラっぺたですな」「巻き舌だ」とからかわれるほど評判は散々だ。この二年前の漱石日記には、鏡子夫人との愉快な会話が書かれている。

「四月六日（火）細君に俊寛《しゅんかん》を謡ってきかす。謡ってから難有《ありがと》うと云えと請求したら、あなたこそ難有うと仰《おっし》ゃいと云った」

偶然の命

ようやく胃腸病院から早稲田南町の家に帰ったのは、桃の節句も間近い二月二六日である。前年の八月六日に東京を発《た》って以来、じつに約七か月ぶりになる。

家に帰ると、これまでの石油ランプから、新しく電灯が引かれていた。その明るい電灯の下で子どもたちが喜んで部屋をかけ回る姿を見て、漱石も思わずうれしそうに笑った。

「自分の介抱《かいほう》を受けた妻や医者や看護婦や若い人たちをありがたく思っている。世話をしてくれた朋友《ほうゆう》やら、見舞に来てくれた誰彼やらには篤《あつ》い感謝の念を抱いている。そうして此所《ここ》に人間らしいあるものが潜《ひそ》んでいると信じている。その証拠《しょうこ》には此処《ここ》に始めて生き甲斐《がい》のあると思われるほど深い強い快よい感じが漲《みなぎ》っているからである」（『思い出す事など』）と、回りの人たちへ感謝の念と生きる意欲をみせている。

そして「この山とこの水とこの空気と太陽の御蔭《おかげ》によって生息するわれら人間の運命は、われらが生くべき条件の備わる間の一瞬時――永劫《えいごう》に展開すべき宇宙歴史の長きより見たる一瞬時――を貪《むさ》ぼるに過ぎないのだから、果敢《はか》ないといわんよりも、ほんの偶然の命と評した方が当っているかも知れない」（同）と生命観を語っている。大宇宙の中に一瞬生きている人間、その偶然の命だ。だからこそ大事な、かけがえのない命である。

この修善寺での三〇分間の死は「修善寺の大患《たいかん》」といわれる。これを転機に生活にも芸術にも漱石は一大転換を遂げたと、小宮は力説する。だが漱石の次男の伸六《しんろく》は、「以後の文章、乃至《ないし》生活上における父の変化も、私から見れば、あえてこの大患を必要としない当然の進展」（『父・夏目漱石』）と、異議を唱えている。

鏡子夫人は、「前のように妙にいらいらしている峻《けわ》しいところがとれて、たいへん温かくおだやかになりました。私にもほんとうにこの大患で心機一転したように見受けられました」とし、漱石は人情的、温かくなったようだといっている。

大患は、生死の境をさまよい生還した漱石が、周囲への厚い感謝の念を抱き、赤子のような純真な気持ちに満たされたときだった。大病を経験した人がよく抱く感情だといえなくもない。だがいずれにせよ漱石が新しい境地に入ったことは間違いないだろう。

大逆事件

前年の一九一〇年五月、明治天皇の暗殺を計画した社会主義者の一大陰謀事件といわれる大逆《たいぎゃく》事件が起き、明治末期の日本社会を震撼《しんかん》させる。堺利彦《さかいとしひこ》とともに『平民新聞』を創刊した幸徳《こうとく》秋水《しゅうすい》らが逮捕《たいほ》、起訴《きそ》された。

翌年一月、大審院《だいしんいん》（現在の最高裁）は、二四人に死刑判決を言い渡した。その一週間後、恩赦《おんしゃ》になった者を除き、幸徳ら一二人に死刑が執行された。現在、大逆事件は一部の者を除き、時の政府によるフレームアップ（でっち上げ）であったことが明らかになっている。

日露戦争後、欧米の一等国に並んだ大日本帝国は大きな変動期に入った。封建《ほうけん》的なものから近代的なものへと社会の価値観が変化し、大正デモクラシーの兆《きざ》しも見え始めた。大患をきっかけとする漱石の転機も、こうした時代の状況を敏感に反映したものといえるだろう。

この明治末期、農村から都市へ流入する人々が急増し、低賃金の労働者となり、大きな下層社会をつくり出していた。その都市には、漱石の小説に出て来るような「高等遊民《こうとうゆうみん》」が登場した。高等教育を受けながら、経済的な余裕があるため職に就《つ》かず、自由に暮らす教養人である。

政府は、大逆事件の背景にはこの高等遊民の存在があり、彼らが社会不安を煽《あお》っているとして、危険とみなし始めた。自由と個人が主張され始めた社会風潮に恐れをなした明治政府の過剰《かじょう》な反応が大逆事件を生み出したのである。

この事件は、永井荷風《ながいかふう》や徳冨蘆花《とくとみろか》ら文学者にも、大きな精神的な影響を与えている。

不協和音

入退院を繰り返した漱石は、朝日新聞の文芸欄の編集長役を約一年近くも離れざるを得なかった。やむなく森田草平と小宮豊隆に任せたが、どうも頼《たよ》りにならない。草平にあてた手紙で、漱石は文句を言っている。

一九一一（明治四四）年一月三日付の文芸欄に、草平が『吾等は新しきものの味方なり』と題する文章を載せた。これが漱石を暗に古いといわんばかりだったのに、腹を立てた漱石は皮肉を書いている。

――正月早々苦情を述べる。われらは新しきものの味方である。故に『新潮』式の古臭き文字を好まない。草平氏と長江《ちょうこう》氏は、どこまでも似て甚だ古い。われらは新しきものの味方なので、あえて苦言を述べる。『朝日』文芸欄には、ああいう種類の記事は不似合いかと思う。

（一九一一・一・三）

『新潮』は、個人への辛辣《しんらつ》な批評などを匿名《とくめい》で載せていた。漱石が指摘する『新潮』式の古臭い文章だ。長江、生田《いくた》長江は草平とは一高以来の親友だ。

小宮によると、修善寺からもどった漱石を、門下生は老人とみるようになっていたという。その門下生に、文芸欄で天下でも取ったような高慢さを漱石は感じた。文芸欄があるから門下生がうぬぼれて思い上がるのだと考えていたところに、最も信頼していた朝日主筆の池辺三山《いけべさんざん》が九月末に辞職した。

やがて小宮に、文芸欄を廃止するという手紙を送る。

——文芸欄は君らの気勢を上げる場になっていたが、あんなものを断片的に書いて得意になり、『朝日新聞』は自分たちのお陰で成り立っているなどと思い上がるようになったら若い人たちを毒することになる。それで文芸欄などという君らの得意になっている場をつぶしてしまった方が、あるいは一時的には君や森田の薬になるかもしれない。（一九一一・一〇・二五）

池辺辞職は、草平の小説や文芸欄をめぐる社内対立が原因になっていた。漱石も池辺への恩義からいったんは辞表を出すが、慰留《いりゅう》されて思いとどまる。そのごたごたの最中に文芸欄は廃止された。

門下生ら若い人の活躍の場になればと漱石が考えて設けた文芸欄は、その若い人たちを逆に損なうことになった。

それに若い門下生と初老にさしかかった漱石とは、次第に意識の隔たりができ始めていた。これまでの穏やかで親密だった師弟の関係に、いつの間にか不協和音が生じている。

博士号を辞退《じたい》

個人の自由、個人主義は、西欧では近代市民社会の成立基盤《きばん》であった。日本でも、産業革命が進み新しい人間関係が結ばれ価値観が大きく変動したこの時期に、個人の自由と平等が主張され始めていた。

拙《せつ》を守るという生き方を志した漱石は、またなによりも個人の自由に大きな価値をおいていた。近代的な個人の自由を強調することは、封建制が色濃く残る明治の日本社会において、しばしば権力と対立、衝突することになる。

話は少しもどるが、胃腸病院を退院の直前、文部省から博士号を授与するので出頭せよという通知が自宅に届いた。

もともと漱石は博士号はいらないと公言していたのに、本人の意思も確認しないまま一方的だ。

すぐに文部省の専門学務局長の福原鐐二郎《ふくはらりょうじろう》あてに、辞退を伝える手紙を書き送る。

――小生は、今日までただの夏目なにがしとして、世を渡って参りました。これから先も、やはりただの夏目なにがしで、暮したい希望を持っております。従って私は博士の学位を頂きたくないのであります。この際ご迷惑をかけたり、ご面倒を願ったりするのは不本意でありますが、そういう次第なので学位授与の件はご辞退致したいと思います。(同・二・二一)

するとこの辞退の手紙と入れ違いに、文部省から学位を記した証書を届けてきた。直《ただ》ちに、これも送り返す。

漱石は主張する。博士のうちに親友も敬愛する人も少なくないが、必ずしも彼らの後を追いかけなければならないとは思わない。

「先例の通りに学位を受けろと云われるのは、前の電車と同じ様に、あとの電車も食付《くいつ》いて行かなければならない様で、丸で器械として人から取扱われる様な気がします。博士を辞する私は、先例に照《てら》して見たら変人かも知れませんが、段々個人々々の自覚が日増《ひまし》に発展する人文の趨勢《すうせい》から察すると、是《これ》から先も私と同様に学位を断る人が大分出て来るだろうと思います。(略)当局者も亦是等《またこれら》未来の学者の迷惑を諒《りょう》として、成るべくは其人々の自由意思通り便宜《べんぎ》な取計《とりはからい》をされたいものと考えます」(『東京朝日新聞』、一九一一・三・七付、『博士問題の成行』)

やがて四月になり、福原局長が漱石邸を訪ねて来た。文部省側は、すでに学位授与を発令済みなので辞退できないという。これに漱石は、辞退を取り消さないという。互いの主張をぶつけ合っただけ、ものわかれに終わった。じつはこの二人は予備門時代の同級生だ。

さらに福原が手紙を漱石に送り、漱石はまた福原に反論する。大病をしても、漱石の反骨心《はんこつしん》は少しも衰えることはない。他人の人格を無視した一方的な行為には我慢《がまん》ならない。

——まったく小生の意志を考えることなく辞退できないと一方的に決めた文相に対し、小生は不快の念を抱くものである。小生は学位令の解釈上、自分の意思に逆らって学位を受ける義務はないものであることを言明します。（略）

わが国の学問文芸に通じる動向をよく考えてみると、現在の博士制度には、よい効果は少なく、弊害《へいがい》が多いと思う。大臣にお伝え願います。（同・四・一三）

世間でも、「さすがに漱石だ」「痛快だ」と快哉《かいさい》を叫ぶ者もいる一方、「もらって置けばいいのに」「偏屈、売名だ」と眉をひそめる者もあった。時期は少しずれるが、漱石のノートにはこういう記述がある。

「○昔は御上《おかみ》の御威光《ごいこう》なら何でも出来た世の中なり。

○今は御上の御威光でも出来ぬ事は出来ぬ世の中なり。

○次には御上の御威光だから出来ぬという時代が来るべし。威光を笠に着て無理を押し通すほど個人を侮辱《ぶじょく》したる事なければなり」（『断片』）

マードック先生からの手紙

そこに突然、一高時代の旧師J・マードック先生から、学位辞退を喜ぶ手紙が届いた。スコットランド出身のマードック先生は、当時、鹿児島に住み、日本歴史を研究していた。

「今回の事は君がモラル・バックボーンを有している証拠になるから目出《めで》たい」というのだ。モラル・バックボーンを「徳義的脊随《せきずい》」と漱石は訳している。道徳的な背骨、つまり気骨、信念といった意味だろう。

「先生いう、――われらが俗流《ぞくりゅう》以上に傑出《けっしゅつ》しようと力《つと》めるのは、人として当然である。けれどもわれらは社会に対する栄誉《えいよ》の貢献《こうけん》によってのみ傑出すべきである。傑出を要求する最上権利は、凡《すべ》ての時において、われらの人物如何《いかん》とわれらの仕事如何によってのみ決せられるべきである」（漱石『博士問題とマードック先生と余』）

われらが世の中に傑出しようと努力するのは人として当然だ。けれどもわれらが傑出するのは、社会へ栄誉ある貢献したことによってのみだ。それ以外の思惑などが入る余地はないという。

「余の博士を辞退したのは徹頭徹尾《てっとうてつび》主義の問題である」と漱石はいっている。官僚主義の権威に対する個人の自由と尊厳の戦いだ。それと同じ主義の問題として、博士問題に続いて、漱石は文芸院の設立についても反対意見を述べる。

文芸院は、文芸の著作物について、当局に選ばれた文芸委員により、「害毒」あるものを取り締まる一方で、「健全」なものは奨励《しょうれい》しようという。このころ内務省による著作物の発売禁止が増えてきたことから、文部省も言論統制を強めようというのが真の狙いだった。

漱石の意見は、文芸の世界は個人的であるべきだというのである。国家を代表するような文芸委員が君臨すれば、「健全なる文芸の発達を計《はか》るとの漠然《ばくぜん》たる美名の下に、行政上に都合よき作《さく》物《ぶつ》のみを奨励して、その他を圧迫するは見やすき道理である」（『文芸委員は何をするか』）という。そして人々の自由と独立とは失われ、文芸の発展は止まってしまう。文芸における自由の重要性を強く主張している。

大阪朝日新聞の依頼により、漱石は、八月初旬から関西に入り、明石、和歌山、堺、大阪の各地を講演して回った。

ところが大阪で胃に変調を来し、北浜の湯川胃腸病院に入院することになる。絶対安静を言いわたされ、東京から鏡子もかけつけた。結局、四週間ほど入院し、九月半ばに退院して帰京した。

愛はパーソナル

五女の雛子が一九一一（明治四四）年一一月二九日、夕食のときに、引きつけを起こしてあっけなく急死した。二歳にもならなかった。漱石は悲しみにうちひしがれた。火葬場で荼毘《だび》に付した一二月三日の日記である。

「○生きて居るときはひな子がほかの子よりも大切だとも思わなかった。死んで見るとあれが一番可愛い様に思う。そうして残った子は入《い》らない様に見える。

○表をあるいて小《ちい》さい子供を見るとこの子が健全に遊んでいるのに吾子《あこ》は何故生きていられないのかという不審が起こる。（略）

○自分の胃にはひびが入った。自分の精神にもひびが入った様な気がする。如何《いかん》となれば回復しがたき哀愁《あいしゅう》が思い出す度に起るからである。

○また子供を作れば同じじゃないかと云う人がある。ひな子と同じ様な子が生まれても遺恨《いこん》は同じ事であらう。愛はパーソナルなものである。（略）

仕事の為に重宝がられたり、才学手腕のため声望を負う人はこの点に於てその人自身を敬愛される人よりも非常な損である。その人自身に対する愛は之《これ》よりベターなものがあっても移す事の出来ないものである」

「あれが一番可愛い、残った子は入《い》らない」。意外なことをいうようだが、悲嘆《ひたん》にくれる親がそう感じても無理はないだろう。七人の子どものうち、だれが亡くなっても、漱石はやはり同じように思っただろう。

愛はパーソナルなもの、個人的なものという。代わりになる者はどこにもいない。かけがえのない、唯一のものだ。個人と個人、一人ひとり異なった顔をもつ、固有な愛情を強調する。

雛子を亡くしてからは、漱石は以前よりも子どもにやさしくなった。これまでなかった一家総出で、月島《つきしま》へ潮干狩《しおひが》りに出かけたり、井《い》の頭《かしら》へも遊びに行ったりした。

翌一九一二年正月から翌年の春にかけ、漱石は『彼岸過迄《ひがんすぎまで》』を連載した。そして雛子の死をつづった一篇『雨の降る日』を入れた。そして横たわる子どもを、「まるで観音《かんのん》様のように可愛い顔をしています」と描いた。

朝日で漱石を支えてくれた池辺三山が二月に亡くなった。『彼岸過迄』刊行の時、献辞《けんじ》に、「この書を亡児雛子と亡友三山の霊に捧ぐ」と記した。

その序文に、漱石は心境を明らかにしている。

「自分はまた自分の作物を新しい新しいと吹聴《ふいちょう》する事も好まない。今の世にむやみに新しがっているものは三越呉服店《みつこしごふくてん》とヤンキーとそれから文壇《ぶんだん》における一部の作家と評家だろうと自分はとうから考えている。

自分は凡《すべ》て文壇に濫用《らんよう》される空疎《くうそ》な流行語を藉《か》りて自分の作物の商標としたくない。ただ自分らしいものが書きたいだけである。手腕が足りなくて自分以下のものが出来たり、衒気《げんき》があって自分以上を装うようなものが出来たりして、読者に済まない結果を齎《もたら》すのを恐れるだけである。(略)自分はこれらの教育あるかつ尋常なる士人の前にわが作物を公にし得る自分を幸福と信じている」(『彼岸過迄』序文)

かつて『虞美人草《ぐびじんそう》』を書いたころの興奮に比べて、漱石の心境はずっと静かに落ち着いている。気負ったり、奇をてらったりすることのない自己を確立し、普通の読者を相手としている。思い上がった門下生への戒めでもある。

画家の津田青楓《つだせいふう》に、漱石は「儂《わし》の作品は文壇という限られた狭い世界だけに読んでもらおうとは思っていない。もっと広い世間を相手に書いているんだ」(『漱石と十弟子』)とも語っている。『それから』や『彼岸過迄』には高等遊民が出てくる。漱石自身も高等遊民のような生活にちょっと憧れているようだ。友人にあてた手紙だ。

――小説をやめて高等遊民として存在する工夫をいろいろ思案しているが、名案もなく苦しい

ものだ。（一九一二・一二・一三）

明治の終わり

一九一二年の夏七月三〇日、明治天皇が没《ぼっ》し、大正と改元された。明治天皇の践祚《せんそ》（天皇の位に就くこと）は一八六七（慶応三）年正月九日、漱石が生まれたのはその四日前の五日である。いわば漱石は、明治とともに生まれ、成長して来た。

それだけに明治天皇への思い入れにも深いものがあった。日露戦争の旅順攻囲戦《りょじゅんこういせん》の英雄、乃木《のぎ》希典《まれすけ》大将の殉死《じゅんし》も明治の象徴として描かれている。

「すると夏の暑い盛りに明治天皇が崩御《ほうぎょ》になりました。その時私は明治の精神が天皇に始まって天皇に終ったような気がしました。最も強く明治の影響を受けた私どもが、その後《あと》に生き残っているのは必竟《ひっきょう》時勢遅れだという感じが烈《はげ》しく私の胸を打ちました」（『こころ』）

法学雑誌の依頼《いらい》により、漱石は『明治天皇奉悼之辞《ほうとうのじ》』を書いた。日露戦争の軍事に多忙《たぼう》の時でも、教育について文相《ぶんしょう》らに、怠《おこた》らず精励《せいれい》せよとのお言葉をいただいたと遺徳《いとく》を褒《ほ》め称《たた》えている。

しかし新聞などの仰々《ぎょうぎょう》しい皇室報道や風潮に対しては、漱石は我慢ならない。強烈な批判精神を示す。

松山の古い俳句仲間にあてた手紙では、『国民新聞』（徳富蘇峰《とくとみそほう》の創設）などの新聞記事に憤慨《ふんがい》し、容赦《ようしゃ》ない批判を浴びせる。

――『国民新聞』は今度の事について最もオベッカを使う新聞だ。オベッカ上手の編集といいえばこれの右に出るものはない。いずれにせよ各新聞の天皇と皇室に対する言葉使いは極端に大げさ過ぎてみっともなく、また読みにくいものだ。（一九一二・八・八）

この漱石の天皇に対する態度は一貫している。それ以前の同年六月、靖国《やすくに》神社で開かれた宮家主催《しゅさい》の能舞台を見に出かけた漱石は、皇族一行に出会った。皇族の態度は慎み深く敬愛するが、お付きの重臣や高官には無教養で無礼極まりないと憤る。日記に記す。

「六月十日（月）陛下・殿下の態度謹慎にして最も敬愛に価《あたい》す。これに反し陪覧《ばいらん》の臣民どもはまことに無識無礼なり」

「帝国の臣民、陛下・殿下を口にすれば馬鹿《ばか》叮嚀《ていねい》な言葉さえ用いれば済むと思えり。真の敬愛の意に至ってはかえって解せざるに似たり。言葉さえぞんざいならすぐ不敬事件に問うたところで本当の不敬罪人はどうする考《かんがえ》にや。これも馬鹿気た沙汰也《さたなり》」

言葉が丁寧でなければすぐに不敬罪に問うが、ほんとうの不敬罪の者はどうするのか。馬鹿げている。真偽に厳しい倫理感と正義感をみせる。

大日本帝国憲法下では、天皇や皇族などに危害を加えるなどの行為や尊厳を害するような不敬の行為を、刑法の不敬罪として、とくに重く処罰した。この「皇室に対する罪」は、日本国憲法の「法の下の平等」(一四条)の原則に反するとして、敗戦後の一九四七年に刑法から廃止される。

そして「皇室は神の集合にあらず。近づきやすく親しみやすくして我らの同情に訴えて敬愛の念を得らるべし。それが一番堅固《けんご》なる方法也。それが一番長持のする方法也」という。

このいわゆる「開かれた皇室」論はやはり敗戦後の話になる。天皇の神格化が着々と進められていた時代にあって、鋭い先見性、洞察力《どうさつりょく》である。

明治天皇重態の際の日記にも、当局より隅田川の川開き、演劇や興行が中止されたことへの反発がみられる。天皇の病気は同情に価するが、当局は干渉《かんしょう》がましきことをすべきではないという。

「七月二十日(土)新聞紙を見れば彼ら異口同音《いくどうおん》に曰《いわ》く、都下闃寂《げきせき》火の消えたるが如《ごと》しと。妄《みだ》りに狼狽《ろうばい》して無理に火を消して置きながら自然の勢で火の消えたるが如しと吹聴《ふいちょう》す。天子の徳を頌《しょう》する所以《ゆえん》にあらず。かえってその徳を傷《きずつ》くる仕業也《しわざなり》」

新聞では、いずれも都内はもの寂しく静かで火が消えたようだと報じている。やたらと驚きあわてて無理に火を消しておきながら、自然と火が消えたようだといいふらす。それは天皇の徳を褒めたたえるからではない。逆に天皇の徳を傷つけることであると、ペン先は鋭い。いまに通じる皇室報道の深刻な問題である。

これらの天皇・皇室関係の記述は、戦前の漱石全集にはほとんど公表されなかった。戦後になって、ようやく収録され、一般に明らかになった。

九月一三日夜八時、明治天皇の大喪《たいそう》（葬儀）が青山練兵場であり、哀悼《あいとう》を表す弔砲《ちょうほう》が鳴り響いた。漱石は、書斎《しょさい》で静かに座り直し、皇居に向かい頭を垂れた。

書斎《しょさい》の人

修善寺の大患《たいかん》、その後の長期入院もあり一時は中断したが、木曜会は再開し続けられる。面会日には、門下生が集まって来て、漱石を中心に半円形に囲んだ。

ここでは先生も弟子もなく、みんな勝手な話をした。ときに漱石もユーモアとウイットに富んだことを言った。終わると、神楽坂《かぐらざか》の鳥料理屋から取り寄せた鴨鍋《かもなべ》をみんなでつついた。つい話し込んで遅くなり泊まる者、酒を飲みに繰り出し朝帰りの者もいた。
一七、一八世紀のフランス上流階級の文学サロンがよく知られる。この木曜会も、日本にはほとんど例のない文学サロンといえる。集まって来るのは一〇人ほど。毎週顔ぶれも代わり、全体としては数十人くらいになる。

亡くなる直前まで、毎週一〇年間続いた。これも人を引きつける漱石の人間的な魅力だ。これらの人たちは、その後に各分野で名をなしている。

顔ぶれにも移り変わりがある。初めのころには、高浜虚子《たかはまきょし》と坂本四方太《さかもとしほうだ》、寺田寅彦《てらだとらひこ》、野間真《のまま》綱《つな》、皆川正禧《みなかわまさき》、野村伝四《のむらでんし》、松根東洋城《まつねとうようじょう》らがいた。高浜と坂本は俳句仲間だ。

その後、中川芳太郎《なかがわよしたろう》、鈴木三重吉《すずきみえきち》、小宮豊隆《こみやとよたか》、森田草平《もりたそうへい》、野上豊一郎《のがみとよいちろう》、岡田耕三《おかだこうぞう》、赤木桁平《あかぎこうへい》（評論家）、内田百閒《うちだひゃっけん》（随筆家）、阿部次郎《あべじろう》（哲学者）、安倍能成《あべよししげ》（教育者）、和辻哲郎《わつじてつろう》（哲学者）らが加わる。小宮、森田、阿部、安倍の四人は、漱石門下の「四天王」といわれた。

これらの人たちを称して漱石山脈ともいう。漱石山房には、こうして若者たちが入れ代わり立ち代わりにやって来た。そして漱石はあたかも父親のように門下生の相手をした。

「漱石はその遺《のこ》した全著作よりも大きい人物であった」と評する和辻は、大正に入ってから、木曜会に出入りしていた。

和辻によると、古顔と新しい連中との間には一〇年近い年齢差もあり、断層ができていた。しかし人々は漱石への敬愛によって集まっているので、友愛的な結合となり、「友情の交響楽《こうきょうがく》」のようになっていた。

漱石は、ユーモアで相手の言い草をひっくり返すようなところは鋭かった。だが相手の痛いところを突くような辛辣《しんらつ》なことは少しもなかった。

「むしろ相手の心持ちをいたわり、痛いところを避けるような心づかいを、行き届いてする人だった。だから私たちは非常に暖かい感じを受けた」（和辻哲郎『漱石の人物』）

長女の筆子は、「父は一生書斎の人でした。朝起きるときから夜寝る迄《まで》、殆《ほと》んど全く書斎で暮らして居りました」（『父漱石』）という。

また森田草平も、漱石について、「徹頭徹尾、書斎の人であった。妻の夫、子どもの父であるよりも、より多く弟子どもの先生であったようにも考えられる。少なくとも、私どもにはそう考えられる。この事は考え詰めて行くと恐ろしいことになる」（『家庭に於《お》ける漱石先生』）と書いている。

つまりこれは家庭の悲劇、家庭生活の崩壊《ほうかい》である。たしかに夏目家、鏡子夫人や子どもたちの苦労は並大抵《なみたいてい》ではなかっただろう。

画家の津田清楓《せいふう》は、浅井忠《あさいちゅう》に師事した後、安井曾太郎《やすいそうたろう》とともにパリに留学した。パリのカフェで、画描き仲間と漱石の本を読んだ。帰国後、小宮に連れられ、漱石山房に出入りするようになる。

漱石に油画の手ほどきをして親交を深め、『道草《みちくさ》』『明暗《めいあん》』などの装幀《そうてい》も手がける。漱石の影響から、政府主催の文展《ぶんてん》（文部省美術展覧会）に対抗する二科会《にかかい》の創設に関わった。

寺田寅彦などは、「近ごろは来客が多くて、遊びに行っても、ろくに話もできない」と不満そうだ。漱石は、別の日に寅彦に会うことにした。いそいそとやって来た寅彦は、別に話もなく、漱石の顔を長いこと黙ってながめているだけ。漱石が退屈してあくびをすると、寅彦もあくびを返した。二人のあくびの応酬《おうしゅう》が半日くらい続き、寅彦はそそくさと帰っていった。

その東大助教授の寅彦がドイツ留学から帰国して、門下生みんなでお祝いをしたことがあった。そして浅草に開業したばかりの遊園地ルナパークの木馬館にそろって繰り出した。

東洋城が言いだし、みんなで漱石先生を一度メリーゴーラウンドに乗せてみようと企《たくら》んだ。東洋城が木馬に飛び乗って後ろを見ると、漱石もなんとか自動車におさまっている。子どもたちが上手に楽しそうに乗っているのに、漱石はなんともぶざまで迷惑そうな様子だ。

東洋城はこう回想している。

「ふとふりかえって見る。その自働車にはもう先生はいなかった。そして先生はすぐ隣の一騎に跨《また》がっていられた。馬は先生を乗せてめぐりにめぐる、馬上の先生は木馬の上に前より一層不恰好《ぶかっこう》な乗り形《かた》である。天下の文豪夏目漱石が木馬館の木馬に乗ったという事がおかしいと思う、そして信じ且《かつ》愛する者我等の為にはこんなつまらない事でも興味を共同にせられるという優しい心持を嬉《うれ》しく思う」（『漱石先生と共に』）

門下生への慈愛《じあい》

やはり神経衰弱を病む岡田（林原）耕三が落第した。かわいがっていた門下生の岡田に、漱石は慰《なぐさ》めと励《はげ》ましの手紙を送る。愛弟子《まなでし》へ、やさしい言葉をかけている。

――試験は落第と決まった様子で心細いが、もっと心細いのは健康と頭の具合だ。小生も長年の試験経験はあるが、まだそんな苦痛を感じたことはない。そういう状態ならば大変困ったことだ。できることなら手伝って上げたいくらいだが、こちらの頭は暇《ひま》でも、それでは間に合わないから仕方ない。（略）小生でも仕事の最中に心を乱してもっと激しい状態に陥《おちい》らないとはいえず、それを思えばずいぶん心苦しい知らせだ。だめならば試験を途中《とちゅう》で放棄《ほうき》してもよろしいので、あんまり苦にしないのがいいと思う。（一九一二・六・一七）

岡田は『彼岸過迄《ひがんすぎまで》』以降の著作を校正し、漱石の独特の言葉使いを、自分の覚え書き「漱石文法」としてまとめる。それが後年の全集編集に大いに役立つことになる。漱石は、自分の子どもに対するような親愛の情を岡田にかけた。岡田の家が急落して金銭的に困窮《こんきゅう》すると、奨学金《しょうがくきん》を受けられるように、ロンドン時代の知人に口添《くちぞ》えを依頼《いらい》している。

――岡田に代わって小生よりお願いします。岡田という者は、仏文科の学生で、家へ始終出入りするいい人間です。頭脳も非常に優れていて、学業の途中で退学させるのはいかにも気の毒なことです。そこで昔のよしみで、あなたのご配慮《はいりょ》をお願いする次第です。（一九一三・一二・一）

岡田は後年まで、この依頼を知らなかったという。漱石も語らなかった。後に岡田は、人に頭を下げることの人一倍嫌いな先生が私のためにこんな手紙を書いてくれたと知って、目がしらが熱くなった。そして自分にとって漱石は、ただの先生ではなく、一種の父親であった。「私を包んでいたのは只の師弟愛ではなくて父性愛でした」と言っている。

岡田だけではない。数十人からの門下生に対し、漱石は父親のような慈愛をもって接した。

漱石は、一九一二（大正元）年の晩秋から二年間ほど、第三回目の抑《よく》うつ状態にあった。さらに翌年三月下旬には胃潰瘍《いかいよう》が悪化し、二ヶ月ほど床《とこ》に伏《ふ》せた。連載中の『行人《こうじん》』も中断される。

この間、床に伏せたまま、教え子の中勘助《なかかんすけ》の自伝的な小説を読んだ。漱石に称賛《しょうさん》されて推薦《すいせん》をもらい、朝日新聞に掲載された。さらに後篇を書いた中は、また漱石のもとに原稿を送る。それへの漱石の感想だ。絶賛を受けた後篇も連載され、後に『銀の匙《さじ》』として刊行される。

――一昨日と昨日とで玉稿《ぎょっこう》を見ました。面白うございます。ただ普通の小説としては事件がないから、俗物は褒《ほ》めないかも知れません。私は大好きです。ことに病後だから、またいわゆる小説の悪どいものに食傷《しょくしょう》しているところだから、甚《はなは》だ心持ちのよい感じがしました。自分とかけ離れているくせに自分とぴたりと合ったような、親しいうれしい感じです。もっとも悪い所もありますが、それはまあ小さなきずです。私はああした性質のものを好む人が少ないだけに、それだけああいうものに同情と敬意を払いたいのです。(一九一四・一〇・二七)

門下生の岩波茂雄《いわなみしげお》は、女学校の教頭を辞職し、漱石に資金援助を受けて、神田神保町に古書店を開いた。漱石に「岩波書店」という横書きの額を書いてもらい、金文字にして看板として掲げた。この岩波からの要望で、漱石は、一九一四(大正三)年九月、『こころ』を岩波書店から出版する。これが事実上、岩波書店の処女出版となった。

教え子の外交官の橋口貢《はしぐちみつぎ》が中国から送ってくれた古代文字の石鼓文拓本《せっこぶんたくほん》を表紙に、漱石自身が美しく装幀した。校正は岩波が手がけ、費用は漱石が負担したほぼ自費出版だ。現在までに岩波書店は、漱石全集を一四回出版しているが、ほとんどこの赤地に緑字の石鼓文の表紙である。

永遠の生命

うつ状態が長引く漱石は、俗世間に少し愛想をつかし、津田青楓に心境を書き送る。小説は朝日に連載する『こころ』のこと。世の中に好きな人はだんだんといなくなり、美しい自然を相手に生きるという。心静かに心を安んじる閑適《かんてき》、いわば静かで澄んだ心境に入っていく。

《私は四月十日頃から又《また》小説を書く筈《はず》です私は馬鹿に生れたせゐか世の中の人間がみんないやに見えます夫《それ》から下らない不愉快な事があると夫《それ》が五日も六日も不愉快で押して行きます、丸《まる》で梅雨の天気が晴れないのと同じ事です自分でも嫌な性分だと思ひます（略）

世の中にすきな人は段々なくなります、さうして天と地と草と木が美しく見えてきます、ことに此頃の春の光は甚だ好いのです、私は夫《それ》をたよりに生きてゐます》（一九一四・三・二九）

門下生の森田草平は、山房での漱石の座談について、「先生は演説も旨《うま》いが、座談の方が一層旨い。あの口を突いて出る機才と比喩《ひゆ》と、それから一糸乱れざる論理と、さながらにして是《これ》が一つの芸術である」と評している。

ある日の木曜会では、漱石はこんなことを話している。

「死が僕の勝利だ、僕が死んだら葬式なんか、どうでもいいよ。ただみんなから万歳を称えて貰いたいね。何となれば、死は僕にとりて一番目出度《めでた》い、生の時に起った、あらゆる幸福な事件よりも目出度いから。（略）が、自殺するほどの大胆さはないね。また自ら手を下して死ぬということは拙《まず》いから。（略）意識が総《すべ》てではない。意識が滅亡しても、俺というものは存在する。俺の魂は永久の生命を持っている。だから、死は意識の滅亡で、魂がいよいよ絶対境に入る目出度い状態である」（松浦嘉一『木曜会の思ひ出』）

　これと同じようなことを、岡田耕三にあてた手紙にも書いている。死んでも自分は存在する。魂は永久の生命をもっている。生きているうちは普通の人間のように自分の弱点をさらすのだろうと思う。私はそれが生だと考えるからだ。「弱点をさらしながら生きるのが生だ」という。人間を深く探求してきた死生観を語っている。

《死んだら皆に柩《ひつぎ》の前で万歳を唱えてもらいたいと本当に思っている。私は意識が生のすべてであると考えるが、同じ意識が私の全部とは思わない。死んでも自分はある。しかも本来の自分には死んで始めて還《かえ》れるのだと考えている。私は今のところ自殺を好まない。恐らく生きるだけ生きているだろう。そうしてその生きているうちは普通の人間の如《ごと》く私の持って生れた弱点を発揮するだろうと思う。私はそれが生だと考えるからである。》（同・一一・一三）

良寛《りょうかん》のように

漱石は小説を書く合間に、字を書いたり画を書いたりしていた。それはあくまで趣味ではあったが、独自の美意識、見識と理想をもっていた。小手先だけのもの、技巧に走った器用なものなどを一切《いっさい》嫌《きら》った。

津田といっしょに上野の博物館へ良寛《りょうかん》の遺墨《いぼく》展を見に行った。漱石は、「あれこそ頭が下がる」と大変感動した。胃腸病院の森成医師が故郷の新潟の高田に帰るときに、漱石は地元となる良寛の書の入手を頼んだ。

やはり新潟に住む教え子、良寛研究家の山崎良平《やまざきりょうへい》から良寛詩集を贈られた。そのお礼とともに良寛の書を依頼している。

――良寛上人《しょうにん》の詩はまことに高雅《こうが》なもので、古来の詩人の中に数少ないと思う。平仄《ひょうそく》（韻律《いんりつ》）などはまるで頓着《とんちゃく》しないようにも思うが、いかがでしょう。しかしこの道に暗くよくわかないので、日本人として小生は、ただその字句の妙味《みょうみ》を声をあげて読み満足しています。（一九一四・一一・一七）

江戸後期の曹洞宗《そうとうしゅう》の禅僧、良寛の書く書には、技巧を排した高雅さと自由なリズムがある。良寛の詩は、漢詩の平仄なども無頓着なようだ。古来の詩人の中で類いまれと称賛し、漱石は詩を朗読して楽しんでいる。

何ものにもこだわらない、子どものように天真爛漫《てんしんらんまん》、天衣無縫《てんいむほう》の美しさがある。厳しい修行と学問を修めた良寛だが、名声や権力を嫌った。晩年は郷里の越後に帰り、小さな庵《いおり》にひっそりと住んだ。子どもらと夕暮れまで無心に遊び、近くの村人との交流を楽しんだ。大愚《たいぐ》良寛と号した。

「どうして子どもがそんなに好きなのか」と、ある人が良寛にたずねた。すると良寛は、「子どもは真であって、偽りのないのが好きだからだ」と答えたという。何ものにもとらわれないで、自由に生きることを通した。それこそ漱石が志す理想である。

このころの漱石の俳句に、「良寛にまりをつかせん日永哉《ひながかな》」がある。良寛に心酔《しんすい》して字を書くようになって、漱石の書風は変わり、高雅なものになったという。

次男の伸六が面白い話を紹介している。

漱石は生涯に多くの日本画を描いたが、その中に達磨《だるま》の絵があった。柿色の衣をつけた達磨が小舟に乗って、おぼろな月影がぼんやり映る川に漂っている。深い青色を基調にしたこの絵は、夏目家の応接間に、鏡子が亡くなるまで長くかかっていた。

ある男が、この絵を見て真面目《まじめ》に、「お子さんの時の絵ですか」と聞いたという。

伸六は、「幼稚な点だけはたしかであって、現に父も自身、自分の絵は子供のいたずらのようなものであり、『その子供の無欲と天真』が出れば好《よ》いのだけれど、『小ぎたない所だけが』子供で、嫌味《いやみ》な所は大人だと慨嘆《がいたん》しているほどだから、一概《いちがい》にこの男の鑑識《かんしき》を笑い去る訳にも行かないのである」（前掲書）といっている。

現在、この絵「達磨渡江図《だるまとこうず》」は、神奈川近代文学館に収蔵されている。

第7章

牛のように図々しく

——自由と個人主義（1914〜1916）

『私の個人主義』

ヨーロッパで第一次世界大戦が始まった一九一四（大正三）年、漱石は一一月、学習院《がくしゅういん》に招かれて、学生らを前に講演をした。後に『私の個人主義』としてまとめられる。

講演『現代日本の開化』（一九一一年、和歌山）と並び、漱石の文明論として有名である。日本の開化については、「これを一言にしていえば現代日本の開化は皮相上滑《ひそううわすべ》りの開化」であると指摘する。つまり内実がともなわない、見かけ倒しだというのだ。先にも述べた明治日本の近代化（開化）の批判だ。ここでは『私の個人主義』をとりあげる。

『私の個人主義』は、前半の第一篇と後半の第二篇からなっている。その第一篇では、文学とは何か自分の進むべきはどこかと悩み苦しんだすえに漱石がたどり着いた「自己本位」ということが、英国留学体験を踏まえて語られる。なお丸かっこは筆者による。

そして「自分の鶴嘴《つるはし》（土を掘り起こす道具）で掘り当てる所まで進んで行かなくってはいけない」と説いている。

「ああ此処《ここ》におれの進むべき道があった！　漸《よう》く掘り当てた！　こういう感投詞《かんとうし》を心の底から叫び出される時、あなたがたは始めて心を安んずる事が出来るのでしょう。容易に打ち壊されない自信が、その叫び声とともにむくむく首を擡《もた》げて来るのではありませんか。（略）もし途中で霧か靄《もや》のために懊悩《おうのう》していられる方があるならば、どんな犠牲を払っても、ああ此所《ここ》だという掘当てる所まで行ったら宜《よ》かろうと思うのです」

後半の第二篇は、自由と義務・道徳、個人と国家などについて語る。自分の個性を発展させようと思うならば、同時に他人の個性や自由を尊重しなければならない。自己の権力や金力を使用するならば、その義務や責任を自覚しなければならないと話す。

上流社会の子弟が集まり権力と金力に近い学習院の学生に、漱石はとくに聞かせたかったといえう。

「個人の自由は先刻《さっき》御話した個性の発展上極めて必要なものであって、（略）僕は左を向く、君は右を向いても差支ない位の自由は、自分でも把持《はじ》（しっかり持つ）し、他人にも附与《ふよ》しなくてはなるまいかと考えられます。それが取《とり》も直さず私のいう個人主義なのです」

「個人主義は人を目標として向背《こうはい》（従うか背くか）を決する前に、まず理非《りひ》（道理にかなうかどうか）を明《あき》らめて（明らかにして）、去就《きょしゅう》（進退）を定めるのだから、或《ある》場合にはたった一人ぼっちになって、淋《さみ》しい心持がするのです。それはそのはずです。槙雑木《まきざっぽう》（薪にする木切れ）でも束になっていれば心丈夫ですから」

「私のいう個人主義のうちには、火事が済んでもまだ火事頭巾《ずきん》（防火頭巾）が必要だといって、用もないのに窮屈《きゅうくつ》がる人に対する忠告も含まれていると考えて下さい」

近代社会の発展につれて個人の自立は進み、それには孤独が伴う。個人主義は、社会の伝統や慣習と闘うと同時に、自分自身とも闘わなければならない。

槙雑木《まきざっぽう》の例えは、主体性を欠き、集団の中に埋没しない。ひとりであっても、「千万人といえどもわれ行かん」の気概《きがい》が求められるということだ。そして国家存亡の危機でもないのに、国家や国難などを叫んで、大げさに事を構えようとする人たちをたしなめている。

過去も現在も、日本は多様性の少ない同質社会である。個性やオリジナリティーに乏《とぼ》しく、すべて画一的《かくいってき》である。同調圧力が非常に強く、逸脱《いつだつ》や異端《いたん》を認めることはない。

このことは、大変な緊張とストレスを個人に強いている。まして明治の時代、個人の自由を尊重する漱石のような生き方にとっては、まさに窮屈《きゅうくつ》極まりない。

猫は冷笑する

小説『こころ』のなかで、先生は「自由と独立と己《おの》れとに充《み》ちた現代に生まれた我々は、その犠牲としてみんなこの淋しみを味わわなくてはならないでしょう」と言っている。漱石の孤高も、さみしさも、ここに根ざしている。

個人の自由を求めるには、その覚悟《かくご》と精神的な強さがいる。さらに話は個人と国家に及び、漱石の真骨頂《しんこっちょう》をみせる。

「国家は大切かも知れないが、そう朝から晩まで国家国家といってあたかも国家に取り付かれたような真似は到底我々に出来る話でない。常住坐臥《じょうじゅうざが》（日常の生活で）国家の事以外を考えてならないという人はあるかも知れないが、そう間断《かんだん》なく一つ事を考えている人は事実あり得ない。豆腐屋が豆腐を売ってあるくのは、決して国家のために売って歩くのではない。根本の主意《しゅい》（ねらい）は自分の衣食の料《りょう》（必要なもの）を得るためである。（略）国家主義を奨励《しょうれい》するのはいくらしても差支《さしつか》えないが、事実出来ない事をあたかも国家のためにする如《ごと》くに装うのは偽りである」（略）

「けれどもその日本が今が今潰《つぶ》れるとか滅亡の憂目《うきめ》にあうとかいう国柄《くにがら》でない以上は、そう国家国家と騒ぎ廻る必要はないはずです。火事の起こらない先に火事装束（消防服）をつけて窮屈《きゅうくつ》な思いをしながら、町中駈け歩くのと一般（同じ）であります」（略）

「国家道徳というものは個人的道徳に比べると、ずっと段の低いもののように見える事です。元来国と国とは辞令《じれい》（応対の言葉）はいくら八釜《やかま》しくっても、徳義心はそんなにありゃしません。詐欺《さぎ》をやる、誤魔化《ごまか》しをやる、ペテンに掛ける、滅茶苦茶《めちゃくちゃ》なものであります。（略）だから国家の平穏《へいおん》な時には、徳義心の高い個人主義にやはり重きを置く方が、私にはどうしても当然のように思われます」

国家を前提としながらも、個人の生活の次元とは異なるものだ。国家主義に懐疑的、批判的な姿勢を示す。そうのべつまくなく国家、国家と騒ぎ立てるのはじつに滑稽《こっけい》だと槍玉《やりだま》にあげる。それに国家道徳は個人道徳よりも劣る。

国家間の外交交渉をみても、そう道徳的に高いものではない。だから平穏な時には、個人主義を重視するのが当然だと強調している。

小説でも、日露戦争の勝利にわく偏狭《へんきょう》で排外的《はいがいてき》なナショナリズムの熱狂をからかい、自己満足的な愛国心を風刺《ふうし》している。猫は冷ややかに笑っているのである。この東郷《とうごう》大将とは、東郷平八《へいはち》郎元帥《ろうげんすい》、日本海海戦の連合艦隊司令長官のことだ。

「東郷大将が大和魂《やまとだましい》を有《も》っている。肴屋《さかなや》の銀さんも大和魂を有っている。詐欺師《さぎし》、山師《やまし》、人殺しも大和魂を有っている。（略）誰も口にせぬ者はないが、誰も見たものはない。誰も聞いた事はあるが、誰も遇《あ》った者がない。大和魂はそれ天狗《てんぐ》の類《たぐい》か」（『猫』）

漱石と同じころ、森鷗外《もりおうがい》も、個人主義を排斥《はいせき》する社会風潮に対し、個人主義は、家族や社会、国家を破壊するものではないと警鐘《けいしょう》を鳴らしている。

「利己主義は倫理《りんり》上に排斥《はいせき》しなくてはならない。個人主義と云う広い名の下に、色々な思想を籠めて置いて、それを排斥しようとするのは乱暴である。無政府主義と、それと一しょに芽《め》ざした社会主義との排斥をする為に、個人主義と云う漠然《ばくぜん》たる名を附《つ》けて、芸術に迫害を加えるのは、国家のために惜《おし》むべき事である。学問の自由研究と芸術の自由発展とを妨げる国は栄えるはずが無い」（鷗外『文芸の主義』）

明治から大正のころ、個人主義がいかに誤解、曲解され、攻撃されていたかがわかる。この時代に個人主義をあえて主張することは、逆風にさらされて、かなりの勇気がいることだった。漱石の場合、こうした社会との摩擦《まさつ》、軋轢《あつれき》がストレスとなり、精神状態が悪化する要因のひとつにもなっていた。

大正デモクラシーが起きるとともに、その基盤としての近代的な個人という問題が生じてくる。漱石の『私の個人主義』は、封建制の名残を強くとどめるこの時代に、斬新《ざんしん》で画期的なものだったといえよう。

津田青楓《つだせいふう》が京都へ引っ越したこともあり、一九一五（大正四）年の三月下旬から、漱石はひそかに京都に遊びに出た。うつ状態を和《やわ》らげようという鏡子の思いつきによる。京都では津田とその兄の花道家《かどうか》、西川一草亭《にしかわいっそうてい》らが案内役をした。

この間、また胃の具合が悪くなり、祇園新橋《ぎおんしんばし》のお茶屋で、白川《しらかわ》の流れを聞きながら、二、三日寝込んでしまった。東京から鏡子がかけつけ、幸い事なきを得て、四月半ばには東京にもどる。

武者小路実篤《むしゃのこうじさねあつ》は、漱石批判の新聞記事をみて知らせてきた。『猫』を発表したときにも、翻訳だとか盗作だとか、さんざん悪口をたたかれたことがあったという。俗世間に超然とした態度をとり、ゆるすことを説いている。

《武者小路さん。気に入らない事、癪《しゃく》に障《さわ》る事、憤慨《ふんがい》すべき事は塵芥《ちりあくた》の如《ごと》く沢山《たくさん》あります。それを清める事は人間の力で出来ません。それと戦うよりもそれをゆるす事が人間として立派なものならば、出来るだけそちらの方の修養をお互にしたいと思いますがどうでしょう。

私は年に合せて気の若い方ですが、近来漸《ようや》くそっちの方角に足を向け出しました。時勢は私よりも先に立っています。》(一九一五・六・一五)

また正月が来た

一九一六(大正五)年の正月、二葉亭四迷《ふたばていしめい》から紹介された井田芳子《いだよしこ》(物集《もずめ》芳子)に新年の挨拶状を送る。

妹の和子とともに、芳子は二葉亭四迷に師事していた小説家だ。二葉亭がロシア特派員に出る際に、漱石が引き受けていた。同級生の平塚明子《ひらつかはるこ》（らいてう）とともに女性運動団体・青鞜社《せいとうしゃ》を起こした芳子は、外交官の夫といっしょにタイに住んでいる。父は有名な国学者の物集高見《たかみ》、兄は国文学者の高量《たかかず》だ。

――あなたのいる方は暑いそうだが、こちらはまた御承知の通り馬鹿に寒いんで年寄には困ります。気分はいつでも若いつもりでいるが、もう五〇になりました。白髪のじじいです。あなた方から見たらお父っさんのような心持ちがするでしょう。いやだなあ。

人間の寿命はわかりませんね。この次あなたが日本へ帰る時分には、私も死んでしまうかも知れない。心細いですね。とはいうものの腹の中ではまだまだ何時《いつ》までも生きる気でいるのだから、その実は心細いほどでもないのです。（略）

明日から国技館で相撲《すもう》が始まります。私は友達の桟敷《さじき》で一〇日間この春場所の相撲を見せてもらう約束をしました。みんなが変な顔をして相撲がそんなに好きか好きかと訊《き》きます。相撲ばかりじゃありません。私は大抵のものが好きなんです。（一九一六・一・一三）

この正月、漱石は、『朝日新聞』に年頭を飾る随筆《ずいひつ》『点頭録《てんとうろく》』を発表した。点頭とは、「うなずく、承知する」という意味である。『点頭録』は、第一回の「また正月が来た」から始まる。当時は数え年で年齢をかぞえたので、年が改まり漱石はすでに五〇歳になった。年初らしい新たな決意を述べている。

「また正月が来た。振り返ると過去が丸で夢のように見える。何時《いつ》の間《ま》に斯《こ》う年齢《とし》を取ったものか不思議な位である。（略）

従って天が自分に又一年の寿命を借して呉《く》れた事は、平常から時間の欠乏《けつぼう》を感じている自分に取っては、何《ど》の位《くらい》の幸福になるか分からない。自分は出来る丈《だけ》余命のあらん限りを最善に利用したいと心掛けている。（略）

寿命は自分の極《き》めるものではないから、固《もと》より予測は出来ない。自分は多病だけれども、趙州《じょうしゅう》の初発心《しょほっしん》の時よりもまだ十年も若い。たとえ百二十迄生きないにしても、力の続く間、努力すればまだ少しは何か出来る様に思う。それで私は天寿の許す限り趙州の顰《ひそみ》にならって奮励《ふんれい》する心組《こころくみ》でいる」

中国唐《とう》の禅僧《ぜんそう》、趙州和尚は生涯禅を求め続けた高僧だ。六〇歳で発心《ほっしん》（決心）して、八〇歳まで各地を行脚《あんぎゃ》して回り、亡くなる一二〇歳まで禅を究めたといわれる。そこで漱石は天から授けられた寿命の限り、趙州のまねをして、まだ元気に頑張る心づもりだと決意を新たにする。

軍国主義と個人主義

この『点頭録』は二回目からは内容ががらりと変わる。二回から四回は、「軍国主義」との見出しで、「欧州戦争」について論じている。この欧州戦争とは、一九一四年六月にオーストリアの皇太子夫妻が暗殺されたサラエボ事件をきっかけに、イギリス・フランス・ロシアなどの連合軍とドイツ・オーストリアなどの同盟国とが戦った第一次世界大戦である。

史上初の総力戦となり、兵士と市民の計約一八〇〇万人が死亡した。一九一八年一一月に休戦協定が結ばれ、戦争は終結した。その後、ドイツにナチスが台頭し、約二〇年後には第二次世界大戦が起きることになる。この時点では、まだ第一次世界大戦は続いている。

「軍国主義」に続いて、後の四回を「トライチケ」と題する文章が続く。H・トライチュケは、一九世紀ドイツの排外的《はいがいてき》な国家主義・軍国主義の歴史思想家だ。プロイセンを中核とした統一ドイツ帝国を建設（一八七一年）した鉄血宰相《てっけつさいしょう》・ビスマルクの協力者である。

欧州戦争が勃発《ぼっぱつ》したとき、どんな影響が出るかと人から聞かれたという。

「自分は常にあの弾丸とあの硝薬《しょうやく》と毒瓦斯《どくがす》とそれからあの肉団と鮮血とが、我々人類の未来の運命に、何《ど》の位の貢献《こうけん》をしているのだろうかと考える。そうして或る時は気の毒になる。或る時は悲しくなる。又或る時は馬鹿々々しくなる。最後に折々は滑稽さえ感ずる場合もあるという残酷な事実を自白せざるを得ない」

戦争は人類の未来にどれだけの貢献をするのだろうかと根源的な疑問を投げかける。そして戦争を、国家レベルの利益や損失ではなく、より大きな人類史的な視点からとらえている。その答えは、悲しさであり、無意味さである。開戦直後、中国に駐在する教え子の外交官・橋口貢《はしぐちみつぎ》にあてた手紙にも、「戦争は悲惨です」と書いている。

日清・日露戦争を同時代人として体験した漱石は、いままた第一次世界大戦を日本で目撃している。そしてこの戦争の本質は、「独逸《ドイツ》に因《よ》って代表された軍国主義が、多年英仏に於《おい》て培養《ばいよう》された個人の自由を破壊し去るだろうか」という点にあると指摘する。つまりドイツの軍国主義と英仏の個人主義の戦いであると意味づける。

そして「英吉利《イギリス》のように個人の自由を重んずる国」が「強制徴兵案《ちょうへいあん》」を議会で通過させたのを考えると、「既に独逸が真向《まっこう》に振り翳《かざ》している軍国主義の勝利と見るより外に仕方がない。戦争がまだ片付かないうちに、英国は精神的にもう独逸に負けたと評しても好《よ》い位のものである」と言い切っている。

背景には、ドイツと英仏における近代市民革命の経験の相違《そうい》がある。一九世紀半ばから三つの戦争に勝利して国家を統一し軍国主義を強力に推し進めるドイツ帝国と、市民革命を経て市民的な自由と権利を勝ち取った英仏との近代史の差異である。漱石は、ドイツの軍国主義を批判することによって、ドイツ帝国のイメージに重ねて大日本帝国を暗に批判しようとした。

その大日本帝国は、英国と結んだ日英同盟を根拠に、一九一四（大正三）年八月にこの世界大戦に参戦している。そしてドイツ艦隊の基地があった中国山東省《さんとうしょう》の青島《チンタオ》を軍事占領した。

翌年一月、大隈重信《おおくましげのぶ》内閣は、日本の権益を大幅に拡大する対華《たいか》二一か条要求を中華民国政府に突きつけた。これが後のアジア・太平洋戦争の導火線となる。

その後、朝鮮では日本の植民地支配に反対する三・一独立運動（一九一九年）、中国では二一か条撤廃を要求する五・四運動（同）という大規模な抗日・反帝国主義の民族運動に発展していく。

『点頭録』では、個人の自由に対立する軍国主義として、強制徴兵《ちょうへい》、つまり徴兵制度をとらえている。じつは夏目金之助《きんのすけ》は、日清戦争が始まる前の一八九二（明治二五）年、夏目家から分家して、北海道後志国岩内郡吹上町《しりべしこくいわないぐんふきあげちょう》（当時）に戸籍を移している。

新徴兵令の制定（一八八九年）により国民皆兵《かいへい》の徴兵制度ができたことから、兵役《へいえき》を忌避《きひ》するためだった。新徴兵令では、文相の認可を経た学校の学生は二六歳未満まで徴集を猶予《ゆうよ》される。

だが翌年に金之助は二六歳となるため、この猶予期間が終了してしまう。そのため猶予期間の終了する前に、屯田兵《とんでんへい》による開拓制度が実施されていて徴兵制が適用されない北海道に転籍したのである。

年末から『点頭録』を書き始めていたが、左肩から腕が痛くなり、連載は九回で中断してしまった。そして湯河原《ゆがわら》に静養に出かける。漱石はリューマチと思っていたが、これはじつは糖尿病《とうにょうびょう》からくる痛みだった。

牛になれ

古い門下生と入れ代わるかのように、このころから芥川龍之介《あくたがわりゅうのすけ》や久米正雄《くめまさお》、松岡譲《まつおかゆずる》らの文芸誌『新思潮』グループの若い人たちが、木曜会に熱心に顔を出すようになった。芥川らの同級生、岡田耕三の紹介による。

芥川は、晩年の漱石に最も愛された門下生といわれる。その芥川が、一九一六（大正五）年の『新思潮』創刊号に『鼻』発表した。

漱石の手紙に「敬服しました」と絶賛されたことで、芥川は文壇《ぶんだん》に揺るぎない地位を築くことになる。群衆は眼中に入れずにかまわずに進むようにと、芥川に勧めている。

《拝啓。『新思潮』のあなたのものと久米君のものと成瀬君のものを読んで見ました。あなたのものは大変面白いと思います。落着があって巫山戯《ふざけ》ていなくって自然そのままの可笑味《おかしみ》がおっとり出ている所に上品な趣《おもむき》があります。それから材料が非常に新らしいのが眼につきます。文章が要領を得て能《よ》く整っています。敬服しました。あゝいうものをこれから二、三十並べて御覧なさい。文壇で類のない作家になれます。しかし『鼻』だけでは恐らく多数の人の眼に触れないでしょう。触れてもみんなが黙過《もっか》するでしょう。そんな事に頓着《とんちゃく》しないでずんずん御進みなさい。群衆は眼中に置かない方が身体の薬です。》（一九一六・二・一九）

今度は、芥川と久米の二人にあてて手紙を出す。

《あなたがたから端書《はがき》がきたから奮発してこの手紙を上げます。僕はあいかわらず『明暗』を午前中書いています。心持は苦痛、快楽、器械的、この三つをかねています。存外涼しいのが何より仕合せです。それでも毎日百回近くもあんな事を書いていると大いに俗了《ぞくりょう》された心持になりますので三、四日前から午後の日課として漢詩を作ります。（略）

勉強をしますか。何か書きますか。君方は新時代の作家になるつもりでしょう。僕もそのつもりであなた方の将来を見ています。どうぞ偉くなって下さい。しかしむやみにあせってはいけません。ただ牛のように図々しく進んで行くのが大事です。文壇にもっと心持の好い愉快な空気を輸入したいと思います。それからむやみにカタカナに平伏《へいふく》する癖《くせ》をやめさせてやりたいと思います。これは両君とも御同感だろうと思います。

今日からつくつく法師《ぼうし》が鳴き出しました。もう秋が近づいて来たのでしょう。

私はこんな長い手紙をただ書くのです。永い日が何時《いつ》までもつづいてどうしても日が暮れないという証拠に書くのです。そういう心持の中に入っている自分を君らに紹介するために書くのです。それからそういう心持でいる事を自分で味《あじわ》って見るために書くのです。日は長いのです。四方は蝉《せみ》の声で埋《うずま》っています。》（同・八・二一）

この八月半ばから一一月下旬まで、ほとんど毎日のように漢詩をつくる。生涯につくった約一七〇首のうち、この一〇〇日間に七五首の漢詩をつくった。その漢詩は、漢語の語法などもきわめて正確で、中国でも激賞《げきしょう》されている。

「先生に云《い》わせると、小説を書いている間は、まだ泣いたり笑ったりする人情の世界を離れる訳にはいかない。それで、人情を超越した世界に遊んで、魂の洗濯をするために、こうして詩を一つずつ作るんだと。これが先生の日課であった」（森田草平）という。
蝉時雨《せみしぐれ》のなかで、ゆったりと手紙を書く漱石、もう秋は近づいている。そしてすぐに次の手紙を二人に書き送る。

《この手紙をもう一本君らに上げます。君らの手紙があまりに溌溂《はつらつ》としているので、無精《ぶしょう》の僕ももう一度君らに向って何かいいたくなったのです。いわば君らの若々しい青春の気が、老人の僕を若返らせたのです。（略）
牛になる事はどうしても必要です。われわれはとかく馬になりたがるが、牛にはなかなかなり切れないです。（略）
あせっては不可《いけま》せん。頭を悪くしては不可せん。根気ずくでお出でなさい。世の中は根気の前に頭を下げる事を知っていますが、火花の前には一瞬の記憶しか与えてくれません。うんうん死ぬまで押すのです。それだけです。決して相手を拵《こし》らえてそれを押しちゃ不可せん。相手はいくらでも後から後からと出て来ます。そうしてわれわれを悩ませます。牛は超然《ちょうぜん》として押して行くのです。何を押すかと聞くなら申します。人間を押すのです。文士を押すのではありません。》（同・

牛にならなければならない。焦ってはいけない。死ぬまで押し続けること。牛が超然として押していくように、ひたすら人間を押すのだという。八・二四）

その芥川龍之介は、先輩の志賀直哉《しがなおや》が漱石を初めて訪ねたときのことを書いている。この先生とは漱石のことだ。

「先生は机の側の座蒲団《ざぶとん》に厳然と座り、さあ何処《どこ》からでもやって来いと言わぬ許《ばか》りに構え、禅坊《ぜんぼう》主《ず》が座禅の時のように落着いているので志賀君どこへもとりつく島がなく黙然《もくねん》と先生の前に控《ひか》えたが、膝頭《ひざがしら》がガタガタとふるえ出して益々心細くなって来た頃一匹の蝿《はえ》が飛んで来て先生の鼻の頭の横っちょに留まった。先生はその蝿を追うために手をあげたら、志賀君も救われたのですが、先生は厳然としたまま頭を横に一つ強くふってその蝿を追った……ので志賀君はいよいよ困ってしまっという話がありますがその時の志賀君の震《ふる》え方がよ程強かったものと見え、志賀君が帰った後で先生の奥さんが先生に『あの方は心臓病か何かでしょう』と言ったということです」（『漱石先生の話』）

もっとも芥川自身も、漱石を初訪問したときには、「どうも胸に動悸《どうき》がして膝頭がブルブルふるえたものでしたが」といっている。

子どもと遊ぶ

その年一九一六（大正五）年の元日、早稲田南町の漱石山房には、例年のように、小宮豊隆、松根東洋城、寺田寅彦らが年始に来た。夕方からは若い門下生でにぎわう。神楽坂の鳥料理店「川鉄《かわてつ》」から取り寄せた恒例の合鴨鍋《あいがもなべ》が夕食に振る舞われた。

みんなが帰った後、豊隆ら何人かが残り、漱石をまじえて、離れの子ども部屋で百人一首などして楽しんだ。ついぞ子ども部屋に足を踏み入れることもなかったのに、このときはとても上機嫌で、子どもたちと夜遅くまで遊んだ。

子どもたちは、いっしょにカルタとりをした父の思い出を語っている。

「『屁《へ》をひって尻つぼめ』『臭いものにはふたをしろ』『頭かくして尻かくさず』といったおかしな札だけを自分のまん前に並べて、これだけは絶対に誰にも取らせまいと、父は、真剣な気構えで坐っているのでした」（松岡筆子『夏目漱石の「猫」の娘』）

本来、やさしい父親である。だがうつ状態になり癇癪《かんしゃく》を起こしたときなどは、みんな恐怖におびえた。病気なのだからと母の鏡子に諭《さと》されても、子どもにはよく理解できないところがあった。

子どもたちも、それぞれ微妙に異なる父親像をもっている。

ただし夏目家の子どもたちも、親譲《おやゆず》りのかなりの癇癪持ちだった。癇癪を起こすと、男の子たちは、縁の下にもぐり込んで、なかなか出て来なかった。

漱石の子どもたちは、いまや誰もいなくなり、その孫以降に代替わりしている。その孫のひとり、夏目房之介《ふさのすけ》によると、面白いことには、親との関係ごとに、「異なる漱石像が伝わり、孫の代まで伝承されている」（『孫が読む漱石』）という。

長女の筆子《ふでこ》、次女の恒子《つねこ》の二人は父にどこか怖さを感じ、やさしさのうちにいつ癇癪が起きるかという脅《おび》えがあった。それは下の長男の純一《じゅんいち》、次男の伸六《しんろく》も同様だったようだ。

三女の栄子《えいこ》、四女の愛子《あいこ》はそれとは少し異なり、父の癇癪の爆発を読むことができたという。父、漱石もこのふたりをかわいがった。

筆子は、「神経衰弱といえば、そのために父自身がどれ程悩み、家族全体がどれ程、脅《おど》かされ、苦しめられたか、それは計り知れないことでございました。（略）父はよほど神経的に参っていたのでしょう、私や妹のちょっとした仕草――それは本当にささいなことなのですが――が気に喰わないからといっては、突然私達を書斎にとじ込めたり、ぶったりしたものでした。（略）修善寺の大患以後――私の十二歳以後の事ですが――父の気持はずっと落ち着いて来たのか、何をしても怒らない、それは優しい父になりました」（前掲書）と、回想している。

勝手な世評は、悪妻といわれたソクラテスの妻クサンティッペに鏡子をなぞらえる。門下生のなかにも、漱石を祭り上げるために、鏡子をおとしめる見方もあった。

筆子は、この悪妻説に強く反発している。

「ずい分無責任な事を云われて参りましたが、私からみますと、あの母だからこそあの父とどうやらやっていけたのだと、むしろ褒めて上げたい位な節《ふし》が数多くあるのです。父の神経衰弱の為、実際、身の毛がよだつような危機が何度もあったのです」（同）

下の妹たち

期待が込められていた長女と次女に対し、下の妹たちは、エイ、アイとかけ声のような感じで、栄子、愛子と名づけられたという。『猫』執筆のころの父親の精神状態が最も悪い時期に育ったのと、修善寺の大患後、気分の比較的穏やかな時に育ったのと違いもあるようだ。

愛子は、「だが私と上の姉とはこうした折他の子供達ほど父の顔色を窺い恐れはしなかった。然《しか》し只父の機嫌が頗《すこぶ》るわるい、気をつけなくては、と云う気は充分に心の奥にはあるにはあった。しそうした父への恐れが態度にあまり出なかった二人が、父には自然に見えたのかも知れない。

だから父も病気の折でも、そんなに恐れないように見えた二人を案外可愛がってくれたのかも知れない」(仲地愛子『父漱石の霊に捧ぐ』)と説明している。

二人は、父といっしょに、おはじきをしたり、弟を交えて相撲をとったりして遊んだ。長女と次女は、ただそれをそばで見つめるだけだった。

漱石が時折に起こす癇癪は、小説を生み出すための苦悩が神経を極度にすり減らすためでもあった。妻と七人の子どもたちへの強い責任感と創作に伴う精神の緊張が生み出したものだ。

「そして不思議な事に小説も終るといつの間にか父の頭も自然と穏かになり元の優しい父にもどっていた。それは丁度波打際《なみうちぎわ》に打ちよせる潮の様によせて来ると思えば、又時経《た》つと知らない間に引いて行った」という。

長男の純一は、「ぼくの記憶にある父は、それほど複雑ではない。可愛がられたという記憶と恐ろしかったというものがある」(『父の周辺』)と言う。その恐ろしい記憶の一つが従兄に肩車してもらって遊んでいたときのことだ。

そのころに流行っていた「カチューシャの唄」を純一が大きな声で歌っていた。「するとガラッと唐紙《からかみ》があいて、父が血相かえて出てきて、物凄《ものすご》い勢いで撲《なぐ》り倒された。ぼくは肩車から落ちてしまった。起きあがってみたら、父はもういないのだ」

「後年母はぼくたちと話しているときにも、よくとんちんかんのことを言った。子供たちはみんな笑いものにしたが、そういうとき、『お前たちはわたしのことを笑うけれど、お父様はぜったい笑わなかったよ。ちゃんと親切に教えてくれた。』と父のまじめでやさしかった事を話した。結局母は父のためにはいい奥さんではなかったかも知れないが父を心から愛し尊敬していたのだと思う。母を悪妻のようにいうのは当たらない」

純一は、父が精神を病んでいたことに、それを知ってむしろうれしかったという。「つまり、あんなにぼくたちを可愛がってくれた人が、ふとしたときには乱暴をする。それを考えると、もやもやしていたのに、病気だったときいてから、気分がさっぱりした」といっている。

伸六《しんろく》の体験

次男の伸六は純一と年子になる。漱石は、虚子あての手紙で、「申《さる》の年に人間が生まれたから伸で六番目だから六に候《そうろう》」と書いている。伸六は、小学校にも上がらない小さなころ、ただ一度だけの恐ろしい体験をした。

ある日、父と純一、愛子と四人で浅草あたりに散歩に出た。とある神社の境内の射的場に入った。電気仕かけで動く軍艦を模擬銃で撃ち命中すると、青い海原を背景に赤い炎を上げる。

父が撃つかと聞いたが、兄の純一は嫌がった。伸六にたずねると、同じように伸六も断った。すると突然、父の「馬鹿っ」という鋭い声がとんで、伸六は手に握ったステッキで打たれ、下駄で踏みつけられた。

「その瞬間、私は突然怖ろしい父の怒号を耳にした。が、はっとした時には、私は既に父の一撃を割れるように頭にくらって、湿った地面の上に打倒れていた」（夏目伸六『父・夏目漱石』）

その場にいた多くの人たちが見ているなか、漱石はステッキを振り回して、伸六の全身へ打ち下ろした。伸六は大声を上げてのたうち回り、泣きじゃくるばかりだった。その理由は不明だったが、すべて病気のためだと思っていた。

「恐らく父は生来の激しいオリジナルな性癖から、絶えず世間一般の余りに多い模倣者達《もほうしゃ》を――平然と自己を偽わり、他人を偽わる偽善者達を――心の底から軽蔑もし憎悪もしていたに違いない」

その偽善者や模倣者のイメージが重なったのではないかと、伸六は思い返している。また姉や母から聞いた話として、伸六はこうもいっている。

「こうした私が泣くたびに、父が出てきて、『泣くんじゃない、泣くんじゃない、御父様がついているから安心おし』と、私を必ずなだめてくれたという話である」

これも漱石が子どものころ、父親からあまりかわいがられなかったという体験からくるようだ。

夏目家には子どもたちの友だちも大勢やって来て、子どもたちとみんなで暴れて大騒ぎ。にぎやかな子どもの声が、家の外遠くまで響き渡っていた。

鏡子夫人は、子どもたちと漱石について、「いったい頭さえ悪くない時には、ずいぶんの子煩悩《こぼんのう》で、子供たちが何をしようと、にこにこ笑って見ているか、自分も相手になって遊ぶか、でなければわれるような騒動の中にすわって、すましていっこう気にもかからないらしく本をよんだりしていたものでした」（前掲書）と話している。

子どもとの手紙

子どもたちと父漱石が交わした手紙も何通かある。かつて修善寺の大患では、筆子、恒子、栄子の三人がそろって、修善寺の菊屋旅館に、瀕死の父を見舞ったことがあった。東京に帰った後、三人は、お見舞いの手紙を父に寄せた。

「十二になる筆子のは、四角な字を入れた整わない候文《そうろうぶん》で、『御祖母様《おばばさま》が雨がふっても風がふいても毎日々々一日もかかさず御《お》しゃか様へ御詣《おまいり》を遊ばす御百度《おひゃくど》をなされ御父様の御病気一日も早く御全快を祈り遊ばされまた高田の御伯母《おんおば》様何処《どこ》かの御宮へか御詣り遊ばすとのことに御座《ござ》候《そうろう》ふさ、きよみ、むめの三人の連中は毎日猫の墓へ水をとりかへ花を差し上げて早く御父様の全快を御祈りにをり候《そうろう》』とあった。十になる恒子のは尋常《じんじょう》であった。八つになるえい子のは全く片仮名だけで書いてあった。字を埋めて読みやすくすると、『御父様の御病気は如何で御座いますか、私は無事に暮しておりますから御安心なさいませ。御父様も私の事を思わずに御病気を早く直して早く御帰りなさいませ。私は毎日休まずに学校へ行っております。また御母様によろしく』というのである」（漱石『思い出す事など』）

この心配してくれる子どもたちへ、父漱石はお礼の手紙を返した。子どもたちみんなへの、やさしい父親らしい愛情にあふれている。ふさは鏡子の従妹《いとこ》の房子、清《きよみ》、梅《むめ》は夏目家の手伝い。

《けさ御前たちから呉《く》れた手紙を読みました。三人とも御父さまの事を心ぱいしてくれて嬉しく思います。

この間はわざわざ修善寺まで見舞に来てくれてありがとう。びょう気で口がきけなかったから御前たちの顔を見ただけです。

この頃は大分よくなりました。今に東京に帰ったらみんなであそびましょう。

御母さまも丈夫でここに御出《おいで》です。

るすのうちはおとなしくして御祖母さまのいうことをきかなくってはいけません。

三人とも学校がはじまったらべんきょうするんですよ。

御父さまはこの手紙あおむけにねていて万年ふでかきました。からだがつかれて長い御返事が書けません。

御祖母さまや、御ふささんや、御梅さんや清によろしく。

今ここに野上さんと小宮さんが来ています。

東京へついでのあった時修善寺の御見やげをみんなに送ってあげます。

さようなら。

父より

筆子
恒子へ
えい子

≫（一九一〇・九・一一）

子どもと会話

一九一六（大正五）年六月二日（金）の日記に、「子供と話」という記述がある。実際、子どもと交わされた会話なのだろう。『明暗』にも、そのまま書かれている。

「お父さん箒星《ほうきぼし》が出ると何か悪い事があるんでしょう」

「昔はそうさ。人が何も知らないから。今は人が物事が解って来たからそんな事はない」

「西洋では」

「西洋では昔からない」

「でもシーザーの死ぬ前の日に彗星が出たっていうじゃないの」

「うんシーザーの殺される前の日か。そりゃ羅馬《ローマ》の時代だからな」


「お父さま地面の下は水でしょう」

「そうさ水だ。井戸を掘ると水が出るからな」

「それじゃなぜ地面が落《おっ》こちないの」

「そりゃお前落ちないさ」

「だって下が水なら落ちる訳《わけ》じゃないの」

「そう旨《うま》くは行かないよ」

「お父さま、この宅《うち》が軍艦だと好いな。お父さまは」

「お父さまはただの宅の方が好いね」

「何故」

「何故って訳もないが」

「だって地震の時宅なら潰《つぶ》れるじゃないの」

「ハハア軍艦なら潰れないいか。こいつは気が付かなかったな」

漱石は、ほかの子どもにもやさしかった。門下生の鈴木三重吉は、早稲田の漱石邸を訪ねたときのできごとを紹介している。
「いつの年の冬のことであったか、たしか或《ある》雪どけの日に、南町のお家へ伺《うかが》うと、先生は茶の間の縁側にこごんで、十二三ぐらい？　うすぎたない着物を着た、そこいらの近所の子どもらしい少年に、英語の第一リーダーを教えていられた。先生は、胃が痛いと見えて、元気のない顔をしていられたが、でも、語気や態度には、ちっとも面倒くさそうな容子《ようす》もなく、丁寧《ていねい》に、訳解《やくかい》してやっていられた。少年がかえってから、どこの子ですと聞くと
『どこの子だか、英語をおしえてくれと言ってやって来たのだ。私はいそがしい人間だから今日

一度だけなら教えて上げよう。一たいだれが私のところへ習いにいけと言ったのか聞くと、あなたはエライ人だというから英語を知っているだろうと思って来たんだと言ってた』。

先生はこういう意味のことを答えて微笑していられた」(『漱石先生の書簡』)

良寛は日がな一日、子どもらとまりつきをし、かくれんぼをして無心に遊んだという。この漱石の姿も、子どもらと遊ぶ良寛をふと思わせる、ほほ笑ましい情景だ。

達磨《だるま》の絵

一九一六(大正五)年一一月九日の木曜会は、冷たい雨がしとしと降って、来る人もめずらしく少なかった。芥川、久米、松岡に大学生らが集まった。

松岡がこの日の木曜会の様子を書いている。漱石は、折からの第一次世界大戦のことにふれた後、「則天去私《そくてんきょし》」、天に則《のっと》り私を去るという境地について、門下生に語った。漱石は、この理想の境地に入ろうとする道に着いたところだった。

「つまり普通自分自分という所謂《いわゆる》小我の私を去って、もっと大きな謂《い》わば普遍的《ふへんてき》な大我の命ずるままに自分をまかせるといったような事なんだが、そう言葉で言ってしまったんでは尽《つ》くせない気がする。その前に出ると、普通えらそうに見える一つの主張とか理想とか主義とかいうものも結局ちっぽけなもので、そうかといって普通つまらないと見られているものでも、それはそれとしての存在が与えられる。つまり観る方からいえば、すべてが一視同仁《いっしどうじん》だ。差別無差別というような事になるんだろうね。今度の『明暗《めいあん》』なんぞはそういう態度で書いているのだが、自分は近いうちにこういう態度でもって、新らしい本当の文学論を大学あたりで講じて見たい」（松岡譲『漱石先生』）

小我の私を去って、もっと大きな普遍的な天＝自然（大我）に自分を任せるということだ。つまり観る方からはすべて分け隔《へだ》てのない平等ということ、無差別というようなことになるという。

「則天去私」は漱石の造語だ。

四女の愛子が興味深いことを書いている。伸六もふれていた、夏目家の応接間にかけられていた達磨《だるま》の絵についてである。

その絵は墨のように暗い夜、手も足もない達磨が唯《ただ》一人小舟に乗って、何処から来て何処へ行くのか、流れのままに身を任せて行く。

「自我、自意識を捨て、天意の儘《まま》に生きているこの達磨の絵、これこそ彼の理想ではなかったか？晩年父が達せんとして達し得なかった境地が此処《ここ》にあったのではないかと思う。自然に逆らわず、有るが儘の姿で生きて行く。そうした澄み切った心境こそ晩年の父漱石があこがれていた境地ではなかったろうか」(『父漱石の霊に捧《ささ》ぐ』)

神戸の臨済宗祥福寺《りんざいしゅうしょうふくじ》の雲水《うんすい》(修行僧)と晩年に知り合い、手紙をやり取りするようになってい た。その雲水二人がこの年一〇月ころ、東京見物がしたいと上京し、漱石の家に一週間ほど泊まった。自分を飾ることのない雲水の純朴な生活態度を漱石は好ましく感じた。二人は、幾日か滞在して神戸に帰っていった。

その一人、鬼村元成《きむらげんじょう》へ手紙を送る。かつての「死が自分の勝利だ」との言葉からは微妙に変化し、真理への道を志す謙虚な決意を述べている。

《私は私相応に自分の分にあるだけの方針と心掛で道を修めるつもりです。気がついて見るとすべて至らぬ事ばかりです。行住坐臥《ぎょうじゅうざが》ともに虚偽《きょぎ》で充《み》ち充ちています。恥ずかしい事です。この次御目にかかる時にはもう少し偉い人間になっていたいと思います。》(同・一一・一〇)

もう一人の富沢敬道《とみさわけいどう》にあてた手紙で、自分の至らなさへの反省を、素直な気もちで書いている。富沢は後に、漱石が若いときに参禅《さんぜん》した鎌倉円覚寺《えんがくじ》の帰源院《きげんいん》住職になる。漱石はまだ修行を続ける覚悟だ。

《変な事をいひますが私は五十になつて始めて道に志す事に気のついた愚物《ぐぶつ》です。其《その》道がいつ手に入るだらうと考へると大変な距離があるやうに思はれて吃驚《きっきょう》してゐます。（略）私は貴方方の奇特な心持を深く礼拝してゐます。あなた方は私の宅へくる若い連中よりも遙かに尊とい人達です。是《これ》も境遇から来るには相違ありませんが、私がもつと偉ければ宅へくる若い人ももつと偉くなる筈だと考へると、実に自分の至らないところが情なくなります。》（同・一一・一五）

泣いてもいいよ

このころ毎日午後、日課のように漢詩を詠《よ》んでいた。一一月一九日の七言律詩《しちごんりっし》の初めはこうある。

「大愚難到志難成　五十春秋瞬息程」

「大愚到り難く志成り難し、五十の春秋瞬息《しゅんそく》の程《てい》」（吉川幸次郎）と読みくだす。

愚は、道心《どうしん》（悟《さと》りを求める心）による自覚といわれる。禅僧は、大愚、絶学、無学などと自分を謙遜《けんそん》して言う。親鸞《しんらん》は愚禿《ぐとく》、良寛も大愚を称した。禅では、利口にはなれても、ほんとうに愚になるのはなかなか難しいといわれる。人生五〇年は、ひと瞬《またた》き、ひと息ほどの短い道のりだったという。

その翌日二〇日夜、最後につくった漢詩はこう結んでいる。

「眼耳双忘身亦失　空中独唱白雲吟」

「眼耳双《ふた》つながら忘れて身も亦《ま》た失い、空中に独り唱《とな》う白雲の吟《ぎん》」（同）と読む。

眼も耳もふたつとも忘れ身体もまた失い、空中にひとり唱う白雲の詩。あたかも自らの死を予感しているかのようである。

一一月二一日午前、いつもように『明暗』の連載一八八回を書き上げ、次の原稿用紙の右肩に「189」と記した。愛用のオノト万年筆のペン先は、すでに一七〇回で折れてしまっていた。

午後は、ガスストーブの前で横になって少し休んだ。

夕方、少し胃が痛んだが、築地の精養軒《せいようけん》で開かれた辰野隆《たつのゆたか》の結婚披露宴に鏡子とともに出席した。辰野隆は、東大のフランス文学講座を、日本人で初めて担当したフランス文学者だ。後年、門下生には渡辺一夫《わたなべかずお》、小林秀雄《こばやしひでお》、三好達治《みよしたつじ》らが出る。父親の辰野金吾《きんご》は、東京駅や日本銀行本店の設計者として知られる。

結婚披露宴の余興《よきょう》に三代目柳家《やなぎや》小《こ》さんの「うどん屋」が演じられると、漱石はうれしそうに聞き入った。「小さんは天才である。あんな芸術家は滅多に出るものじゃない」というほどの大フアン。披露宴で出された落花生《らっかせい》を食べたためか、帰宅後、胃の調子がさらに悪化した。

翌二二日午前も書斎に入り、紫檀《したん》の机に向かった。すぐに『明暗』を書き始めたと思われた。だが書斎は、ひっそりして、もの音ひとつしない。

胃の具合が急激に悪くなり、漱石は机にうつ伏せになったままだった。机の上には、「189」とだけ書かれた原稿用紙が置かれていた。

それから漱石は寝込み、松山中学の教え子、東大講師の真鍋嘉一郎《まなべかいちろう》医師の診察を受けた。その結果、予想外の重態であり、絶対安静、面会は一切謝絶となった。

真鍋は懸命《けんめい》の治療にあたり、門下生が交代で夏目家に泊まり込んだ。その後、一時容態も持ち直すかにみえたが、内臓出血も起き、次第に衰弱《すいじゃく》していった。

一二月八日には、昏睡《こんすい》状態に陥り、真鍋が鏡子らに絶望であると伝えた。翌九日の土曜日午前、鏡子夫人が「先生、病人はもうだめでございますね」と恐る恐るたずねると、真鍋は「ええもうだめです」と力なく答えた。

正午までもつかどうかわからないので、子どもたちを呼びもどしに、学校へ使いを出した。兄の直矩《なおただ》ら近親者、友人や知人、門下生らが次々と集まって来る。

次女の恒子一五歳は胸騒ぎがして日本女子大附属の高等女学校から間もなく家にもどり、近くの早稲田尋常小学校に通っていた一〇歳の愛子も帰って来た。

父のやつれた様子を見て泣き出した愛子に、鏡子が「泣くんじゃないのよ」と声をかける。すると漱石は、「いいよ、いいよ、泣いてもいいんだよ」と、か細い声で言った。

同じ女学校に筆子一七歳を迎えに行った人力車は途中でひっくり返り、筆子は幌《ほろ》からはい出して、走って帰った。暁星《ぎょうせい》小学校二年の伸六と三年生の純一は、いつものように学校からいっしょに帰って来る。

この二人がそろって枕元に座ると、漱石はぱっと目をあいて、にこっと笑った。中村是公、寺田寅彦、高浜虚子らもかけつけて来た。

夕刻になって、真鍋が聴診器を心臓にあてたが、やがて頭を静かにさげた。午後六時四五分、夏目漱石は永眠した。享年《きょうねん》四九。苦闘したひとつの明治の精神の死である。

葬儀は三日後の一二月一二日、円覚寺派管長の釈宗演《しゃくそうえん》が導師をして、青山葬儀所で営まれた。円覚寺の帰源院に参禅したときに、漱石は宗演から指導を受けている。

親友の菅虎雄《すがとらお》が、白木の墓標に雄渾《ゆうこん》な文字で、「夏目金之助墓」と黒々と墨書《ぼくしょ》した。九寸角（約二七センチ）、高さ二間（約三・六メートル）と見上げるような大きさだ。

墓標は、雛子の小さな墓標の横に立てられた。だから漱石の墓は雑司ヶ谷《ぞうしがや》墓地にある。

おわりに
――すみれと明治国家

「菫《すみれ》程な小さき人に生まれたし」

漱石、熊本時代の俳句である。時流に流されない誠実で謙虚《けんきょ》な生き方、「拙《せつ》を守る」を、すみれという可憐《かれん》で純朴な青い花に喩《たと》えている。

人の真の価値は、出身や世間の評判ではなく、学歴や財産、職業や肩書きでもない。虚飾《きょしょく》のない高潔《こうけつ》な個人の精神にある。W・ワーズワースの「質素な生活と高遠な思索《しさく》」に通じる。

同時に、大日本帝国に対置された小さな青いすみれの花だ。小さくても輝く小国主義の道を捨てて軍事的な大国主義へ大きく舵《かじ》を切った明治国家への、疑念であり、異議でもある。

個人の自由を尊重する個人主義を貫き禅《ぜん》に学んだ漱石は、また友人や知人、門下生ら親しい人たちに囲まれていることを好んだ。

家の門を固く閉ざして、人里遠く離れた奥深い山や谷間や竹林にこもって、ひとり学問や修業に励《はげ》むのではない。深山幽谷《しんざんゆうこく》、静寂《せいじゃく》の地ではなく、市井《しせい》の喧噪《けんそう》の中に在ることを選んだ。むしろこうした人たちのなかにあって、高潔《こうけつ》な精神で質素な生活を楽しんだ。

この人と人との共感や関係性の中にこそ、漱石は人間の真実を見つけようとした。何でもない平和な生き方のなかにこそ、その深い真理はある。

漱石の小品『夢十夜』の「第一夜」に、「百年待っていて下さい」と言い残して死んだ女をひたすら待ち続ける男の話がある。

「死んだら、埋めて下さい。大きな真珠貝《しんじゅがい》で穴を掘って。そうして天から落ちて来る星の破片《かけ》を墓標《はかじるし》に置いて下さい。そうして墓の傍《そば》に待っていて下さい。また逢いに来ますから」「百年、私の墓の傍に坐って待っていて下さい。きっと逢いに来ますから」と言い、女は若くして死んでいった。

女に言われたとおりに、真珠貝で穴を掘り、女を埋めて、星の破片で墓標をつくって、男はその墓のかたわらで待ち続けた。それから長い歳月が流れた。

すると苔《こけ》むした石の下から茎が伸び、見る間に胸の高さくらいになった。細長い一輪のつぼみがふっくらと花びらを開いた。真っ白な百合が鼻の先で骨にこたえるほど匂った。

「百年はもう来ていたんだな」と、男はこの時はじめて気づく。

漱石が追究した個人の自由、愛とエゴイズムという心の問題は、一〇〇年後の今日でも少しも古びてはいない。人々の分断と不平等が深まり政治・社会の不安定化が拡がる世界と日本において、ますます重要なテーマとなっている。

「死んでも自分は存在する。魂《たましい》は永久に生命をもっている」と漱石はいう。だからその魂はいまも生きている。私たちが漱石を読むとき、一〇〇年後のいまをともに生きいているのである。

快く取材に応じて頂いた漱石の四女愛子さんのお子さん、仲地漱祐《そうすけ》さんと吉田一恵さんご兄妹に心よりお礼申し上げます。また新宿区立漱石山房記念館にもお世話になりました。

二〇一九年一月五日（陰暦）
漱石の誕生日に

渡邉文幸

附録『愚見数則《ぐけんすうそく》』（現代語訳）

理事が来て、何か論説《ろんせつ》を書けという。私は、このごろ頭の中が空っぽなので、諸君《しょくん》に示すこともない。しかしぜひ書けというならば仕方ない、何か書いてみよう。ただしお世辞《せじ》は嫌《きら》いである。時々は気に入らぬこともあるだろう。また思い出す事をそのまま書くから、箇条書《かじょうが》きのようで少しも面白くはないだろう。ただし文章は飴細工《あめざいく》みたいなものだ。延ばせばいくらでも延びる。その代わりに中身は減るものだと知るはずだ。

昔の学生は、遊学《ゆうがく》のために郷里を出て全国を回り、この人ならばと思う先生のところに落ち着いた。それだから父兄よりも強く先生を敬《うやま》い、先生もまた弟子に対してほんとうの子どものように思った。これでなくては真の教育ということはできない。いまの学生は、学校を旅館のように思い、金を払《はら》ってしばらく滞在《たいざい》するに過ぎない。嫌《いや》になればすぐに旅館を移ってしまう。こうした生徒に対する校長は旅館の主人のようであり、教師は番頭《ばんとう》や丁稚《でっち》である。その校長ですらときにはお客の機嫌《きげん》をとらなければならず、まして番頭や丁稚はなおさらのことだ。人を感化《かんか》するどころかクビにならなければ幸福だと思うくらいである。生徒がいい気になり教員の下落《げらく》するのは当然のことだ。

勉強しないと碌な者にはなれないと覚悟《かくご》しなければならない。私自身勉強しないのに、みんなに会うたびに、勉強しろ、勉強しろと言っている。それはみんなが私のような愚《おろ》かな人間となるのを恐れるからだ。殷鑑《いんかん》遠《とお》からず、すなわち失敗の先例は身近にある。さあ努力せよ、努力せよ。

私は教育者に適《てき》しない。その資格《しかく》がないからだ。その不適当な男が就職口《しゅうしょくぐち》を求めて一番に得やすいのが教師の地位である。これが現在の日本に真の教育家がいないことを示すものだ。同時にいまの学生には、似非《えせ》教育家でもお茶を濁《にご》して教えられるという悲しい現実を示している。世《よ》の熱心《ねっしん》らしい教育家の中にも、私と同感の者が多数いるだろう。

真正《しんせい》の教育家をつくり、これらの偽物《にせもの》を追い出すことは国家の責任である。立派な生徒になって、こんな先生には到底《とうてい》教師は務《つと》まらないとわからせるのはみんなの責任だ。私が教育現場から追放されるときは、日本の教育が隆盛《りゅうせい》になったときだと思え。

月給の高下《こうげ》で教師の価値を判断してはいけない。月給は運不運で、下がることも上がることもあるものだ。小役人《こやくにん》も、ときには公卿《くぎょう》にも勝《まさ》る器量《きりょう》をもっている。これらのことは入門書を読んでもわかる。ただわかったばかりで実際に応用しなければ、すべての学問は徒労《とろう》である。昼寝をしている方がましだ。

教師は必ず生徒より偉《えら》いものではない。たまたま誤りを教えることもないわけではない。だから生徒はどこまでも教師のいうことに従わなければならないとはいわない。服《ふく》すことのできないことには反対意見を述べるべきだ。ただし自分の非《ひ》を知ったならば、速やかにわびなければならない。この間に弁解の余地はまったくない。自分の非を謝る勇気は、これをやろうとする勇気の百倍いる。

つまらないことを疑うな。ためらうな。まっしぐらに進め。一度卑怯《ひきょう》や未練《みれん》がましい振《ふ》る舞《ま》いの癖《くせ》をつけると容易には抜け切れない。墨《すみ》を硯《すずり》でするときに偏《かたよ》ってしまうと、なかなか平らにはならないものだ。物事は最初が大切だと心得よ。

世の中は善人ばかりだと思うことのないように。腹の立つことが多いが、悪人のみだと決めつけてもいけない。そうだと心が安まることもない。人を崇拝《すうはい》したり、また人を軽蔑《けいべつ》したりしてはいけない。自分が生まれる以前《いぜん》を思い、死んだ後をよく考えよ。

人をみるならば、その心の奥底《おくそこ》をみよ。それができなければ判断してはいけない。スイカの良し悪しはたたいてわかる。人の高下や真価《しんか》は、胸に秘めた鋭《するど》い刃物《はもの》を使って、真っ二つに割るようにして知れ。たたいたくらいで簡単に知れると思うと、とんでもないけがをする。

多数をたのんで一人を馬鹿にしてはいけない。自分の無力さを天下に吹聴《ふいちょう》するのと変わらない。そんな者は人間のカスである。豆腐《とうふ》のカスは馬が食うが、人間のカスは最果《さいは》ての地へ行っても売《う》れることはない。

自信満々のときには他人に破《やぶ》られ、自信が薄いときには自ら破れてしまう。むしろ他人に破られても、自分から破れてはいけない。

人を不快にさせるような嫌味《いやみ》を取り去れ。知らないことを知ったふりをしたり、人の上げ足を取ったり、馬鹿にしてからかったり、冷たく批評《ひひょう》したりする者は嫌味が取れないからだ。人間自身だけでなく詩歌俳諧《しいかはいかい》も、嫌味のあるものに美しいものはない。

教師に叱《しか》られたといって、自分の値打《ねう》ちが下がったと思うことはない。また褒《ほ》められたといって、値打ちが上がったと得意になってはいけない。ツルは、空を飛んでも寝ていてもツルである。ブタは、ほえてもうめいてもブタである。

人の悪口や誉《ほ》め言葉によって変化するのは世間の相場《そうば》であり、真の値打ちではない。相場の高下を目的として世の中に対処《たいしょ》するのは才子《さいし》という。真の値打ちを標準として物事を行うのを君子《くんし》という。それだから才子には立身出世《りっしんしゅっせ》が多く、君子は落ちぶれることを気にかけない。

普段《ふだん》は処女《しょじょ》のようにしとやかに、いったん事《こと》が起きたら逃げ出すウサギのように素早く動け。座《すわ》るときには、大きな岩盤《がんばん》のように不動がよい。ただし処女もときには恋に落ち、逃げるウサギも猟師のお土産《みやげ》になり、大きな岩盤も地震のときには転がることがあると知っておくがいい。

浅知恵を用いたり、策略《さくりゃく》をめぐらしたりしてはいけない。二点間の最短距離は直線だと知れ。どうしても策略を用いざるをえない場合には、自分より愚《おろ》かな者にせよ。利欲《りよく》に迷う者、悪口や誉め言葉に動揺《どうよう》する者、情に脆《もろ》い者にせよ。祈祷《きとう》や呪《のろ》いで山が動いた例はない。一人前の人間がキツネにごまかされたということも理学書にはみえない。

その人を見よ。身につけている金時計や着ている洋服を見てはいけない。泥棒《どろぼう》は、われわれよりも立派な身なりをするものだ。

威張《いば》るな。媚《こ》びるな。腕に自信のない者は用心のために六尺棒《ろくしゃくぼう》を持ちたがり、借金のある者は貸主《かしぬし》に酒を勧めてごまかすことに懸命《けんめい》となる。それは自分に弱みがあるからだ。人徳のある者は、威張らなくても人が敬い、媚びなくても人が愛するものだ。太鼓《たいこ》が鳴るのは中が空虚《くうきょ》であるためだ。女性のお世辞《せじ》がいいのは腕力《わんりょく》がないためである。

やたらと人を批評《ひひょう》してはいけない。こんな人なのかと心の中で思っていればそれで済むことだ。悪い評判というのは、いったん口から出れば、再び口に戻そうとしてもできはしない。ましてまた聞きやうわさなど、不確かな根拠による批評はなおさらいけない。

学問上のことについてはむやみに議論《ぎろん》しないこと。それは反対意見の人から攻撃《こうげき》にあい、破綻《はたん》する恐れがあるからだ。人の身の上のことについては、事実以外に尾ひれをつけて言い歩くのは、人を雇《やと》って間接的にその人を攻撃するのと同じである。誰《だれ》かに頼まれたのならば仕方ないが、頼まれもしないのに、そんなことをするのはよほどの物好きだ。

馬鹿は百人集《あつ》まっても馬鹿である。味方が大勢いるから自分の方が知恵はあると思うのは心得違いである。牛は牛連れ、馬は馬連れという。味方の多いのは、ときとしてその馬鹿さ加減を証明していることがある。これほど片腹痛《かたはらいた》いことはない。

何か事を成《な》し遂《と》げようとするならば、時と場合と相手の三者を見極めなければならない。そのうち一つを欠けば無論《むろん》のこと、その百分の一を欠いても、成功はおぼつかない。ただし物事は、必ず成功を目的として、やらなければならないと思うことはない。成功を目的として物事をするのは、月給を取るために学問をするのと同じことである。

誰か人が自分を担《かつ》ごうとするならば、差支《さしつか》えない限りは担がれていればいい。いざというときに思い切り投げ出してしまえばいいだろう。それはあえて復讐《ふくしゅう》というのではなく、世のため人のためである。小人物《しょうじんぶつ》は、利益に敏感《びんかん》なので、自分が損をすると知れば、少しは悪事をしないようになるものだ。

言う者は知らず、知るものは言わず。余計《よけい》な不確かなことをべらべらとおしゃべりするほど見苦《みぐる》しいことはない。まして辛辣《しんらつ》な皮肉《ひにく》などはもってのほかだ。

何事も控《ひか》えめ、奥《おく》ゆかしくせよ。むやみに遠慮《えんりょ》しろというのではない。ただの一言でも、ときには千金《せんきん》の価値がある。万巻《ばんかん》の書物も、くだらぬことばかりならばトイレットペーパーに等しい。

損得と善悪とを混同するな。軽薄《けいはく》と淡白《たんぱく》とを混同するな。正直で混じりけのない真率《しんそつ》と軽く浮《うわ》ついた浮跳《ふちょう》とを混同するな。温厚《おんこう》とおくびょうな怯懦《きょうだ》とを混同するな。心が広く快活な磊落《らいらく》と荒々しく暴力的な粗暴《そぼう》とを混同するな。臨機応変《りんきおうへん》に様々な性質を見せよ。一しかなくて二のない者は上等《じょうとう》な性質ではない。

世の中に悪人がいる以上、ケンカを免《まぬが》れることはできないだろう。社会が完全にならない間は、不平や騒動《そうどう》はなくならないだろう。学校も、生徒が騒動を起こすからこそ、次第に改善されていく。無事で平穏《へいおん》なのは、おめでたいには違いないが、ときとしては憂《うれ》うべき現象である。こういうからといって、決してみんなに勧めるわけではない。むやみに乱暴されては大変困る。

天から与えられた使命、天命《てんめい》に満足するのは君子である。その天命を覆《くつがえ》すのは豪傑《ごうけつ》である。天命を怨《うら》む者は婦人であり、それを免れようとするのは小人物である。

理想を高くもて。あえて野心を大きくしろとはいわない。理想をもたない者の言動を見よ。醜《みにく》く卑《いや》しいこと極まりない。理想が低い者の挙動や態度を見よ。美しいところはない。理想は見識《けんしき》より出て、見識は学問より生じる。学問をしても人間が上等にならないようならば、初めから無学《むがく》でいる方がいい。

欺《あざむ》かれて悪事をしてはいけない。それは愚かさを示す。だまされて善くない行いをしてはいけない。それは心が狭苦しく卑しいことを証明する。

黙々としているために口下手《くちべた》と思ってはいけない。両手《りょうて》を組んでいるからといって両腕がないと思ってはいけない。笑っているから癇癪《かんしゃく》もちではないと思ってはいけない。世間の評判を気にしないので耳が聴こえないと思ってはいけない。食べ物を選《え》り好《ごの》みしないために美味《びみ》がわからないと思ってはいけない。怒るために忍耐《にんたい》がないと思ってはいけない。

人を屈服《くっぷく》させたいならば、先ず自《みずか》ら折れろ。人を殺したいのならば、先ず自らが死ぬ覚悟《かくご》をせよ。人を侮《あなど》るのは自らを侮っているためである。人を負かそうとするのは自らに負けるからである。攻めるときには、俊足の韋駄天《いだてん》のように迅速《じんそく》にせよ。守るときには不動《ふどう》明王《みょうおう》のように決して揺《ゆ》るいではならない。

以上の箇条、ただ思いつくままに書いてみた。長く書けば際限ないので省略《しょうりゃく》した。これは必ずしも諸君に一読せよとも、まして心に銘記《めいき》して忘《わす》れるなとはいわない。諸君はいま若《わか》い、人生の中で最も愉快《ゆかい》な時期にいる。私のような者の言葉に耳を傾けるような暇はないだろう。しかし数年後、学校を卒業して突然世間に出たとき、首を回《めぐ》らして ふと考《こうべ》えてみれば、あるいはもっともと思うこともあるはずだ。ただしそれも保証はできない。

（明治二八、一一、二五、愛媛県尋常《じんじょう》中学校『保恵会《ほけいかい》雑誌』）

年譜

年	漱石と作品	日本と世界の動き
一八六七（慶応三）	誕生、里子へ出される	大政奉還／王政復古
六八（明治元）	塩原家の養子となる	戊辰戦争／明治に改元
七五（同八）	養父母離婚、夏目家に引き取られる	
七九（同一二）	東京府第一中学校に入学	
八一（同一四）	母・千枝死去／二松学舎に入る	
八三（同一六）	成立学舎に入る	
八四（同一七）	東京大学予備門予科に入学	
八七（同二〇）	長兄・大助、次兄・直則死去	
八八（同二一）	夏目家に復籍／一高文科に進学	森鷗外がドイツ留学より帰国
八九（同二二）	正岡子規と親交／「漱石」と署名／『木屑録』	大日本帝国憲法公布
九〇（同二三）	東大英文学科に入学	教育勅語／鷗外『舞姫』
九一（同二四）	兄嫁・登世死去	内村鑑三・不敬事件
九二（同二五）	北海道に転籍／東京専門学校（現・早稲田大学）講師となる	
九三（同二六）	東大大学院に入学／高等師範英語嘱託となる	
九四（同二七）	鎌倉の円覚寺帰源院に参禅	日清戦争始まる
九五（同二八）	愛媛県尋常中学校嘱託教員となる／愚陀仏庵で子規と暮らす	日清講和条約
九六（同二九）	熊本五高へ赴任／中根鏡子と結婚	

九七（同三〇）	米山保三郎死去／父・直克死去	
九八（同三一）	妻・鏡子が自殺未遂	
九九（同三二）	長女・筆子誕生	
一九〇〇（同三三）	英国留学	
〇一（同三四）	次女・恒子誕生／池田菊苗と親交	英ヴィクトリア女王死去
〇二（同三五）	子規死去	日英同盟
〇三（同三六）	帰国／千駄木へ転居／一高・東大英文科講師となる／三女・栄子誕生	
〇四（同三七）		日露戦争始まる
〇五（同三八）	『吾輩は猫である』／四女・愛子誕生	日露講和条約
〇六（同三九）	『坊っちゃん』『草枕』／木曜会始まる／西片町へ転居	
〇七（同四〇）	朝日新聞社に入社／長男・純一誕生／早稲田南町へ転居	
〇八（同四一）	『三四郎』／次男・伸六誕生	
〇九（同四二）	『それから』／満洲・韓国旅行	伊藤博文暗殺
一〇（同四三）	五女・雛子誕生／『門』／修善寺の大患	大逆事件／韓国併合
一一（同四四）	文学博士辞退／雛子急死	
一二（同四五・大正元）	『彼岸過迄』『行人』	明治天皇没、大正に改元
一四（同三）	『こころ』／講演「私の個人主義」	第一次世界大戦始まる
一五（同四）	『硝子戸の中』／芥川龍之介ら木曜会参加	対華二一か条要求
一六（同五）	『点頭録』『明暗』／死去	芥川龍之介『鼻』

【参考・引用文献】

「漱石全集」岩波書店1996―97年・1965年／「定本漱石全集」同2016年から刊行中／三好行雄編「漱石書簡集」岩波文庫1990年／和田茂樹編「漱石・子規往復書簡集」同2002年／平岡敏夫編「漱石日記」同1990年／三好行雄「漱石文明論集」同1986年／十川信介「漱石追想」同2016年／藤井淑禎編「漱石紀行文集」同2016年／正岡子規「墨汁一滴」同2017年／同「筆まかせ抄」同1985年／高浜虚子「子規・漱石」同2002年／荒正人「増補改訂漱石研究年表」新潮社1984年／古川久「夏目漱石辞典」東京堂出版1982年／夏目鏡子「漱石の思い出」文春文庫1994年／夏目伸六「父・夏目漱石」同2016年／小宮豊隆「夏目漱石」岩波文庫1986年／松岡讓「漱石先生」岩波書店1934年／林原耕三「漱石山房の人々」講談社1971年／吉川幸次郎「漱石詩注」岩波文庫2002年／夏目房之介「孫が読む漱石」新潮文庫2009年／高島俊男「漱石の夏やすみ」ちくま文庫2007年／千谷七郎「漱石の病跡」勁草書房1963年／矢口進也「漱石全集物語」岩波現代文庫2016年／「鷗外全集著作編」岩波書店1955年／東北大学附属図書館夏目漱石ライブラリほか

渡邉文幸（わたなべ・ふみゆき）

1948年、静岡県生まれ。早稲田大学文学部卒業、東大新聞研究所研究生を経て、1974-2004年共同通信社（社会部、政治部など）。2004-2010年法務省広報企画アドバイザー。著書に『指揮権発動』（信山社）『検事総長』（中公新書ラクレ）『笑いの力、言葉の力 ―井上ひさしのバトンを受け継ぐ』（理論社）など。

世界をカエル 10代からの羅針盤

江戸っ子漱石先生からの手紙

一〇〇年後のきみへ

著者　渡邉文幸

装画　マット和子

ブックデザイン　守先正

発行者　鈴木博喜

編集　岸井美恵子

発行所　株式会社 理論社

〒101-0062 東京都千代田区神田駿河台 2-5

電話　営業 03-6264-8890　編集 03-6264-8891

URL　https://www.rironsha.com

2019 年 7 月初版

2024 年 9 月第 2 刷発行

編集協力　三猿舎　本文組　天龍社

印刷・製本　中央精版印刷株式会社

ISBN978-4-652-20307-1　NDC289 四六判 19cm 262 p

世界をカエル
10代からの羅針盤

世　界　を　カ　エ　ル

10代からの羅針盤

知らない世界、知らない生き方にふれたら
君の世界が変わりはじめるかもしれない

人間はだまされる

── フェイクニュースを見分けるには ──

三浦準司／著　マット和子／絵

スカートはかなきゃダメですか？

── ジャージで学校 ──

名取寛人／著　マット和子／絵

脱・呪縛

鎌田 實／著　こやまこいこ／絵

鳥はなぜ鳴く？

── ホーホケキョの科学 ──

松田道生／著　中村 文／絵とマンガ

虫ぎらいはなおるかな？

── 昆虫の達人に教えを乞う ──

金井真紀／文と絵

江戸っ子漱石先生からの手紙

── 一〇〇年後のきみへ ──

渡邉文幸／著　マット和子／絵

以下続刊